大展好書　好書大展
品嘗好書　冠群可期

大展好書　好書大展
品嘗好書　冠群可期

武術特輯
22

陳式
太極拳技擊法

馬　虹／著

大展出版社有限公司
印行

内容提要

　　《陳式太極拳技擊法》是作者繼《陳氏太極拳體用全書》、《陳氏太極拳拳理闡微》問世以來的第三部專著。至此,作者對陳式太極拳的拳譜、拳理、拳法,進行了比較系統、比較全面的整理和闡發。

　　《陳式太極拳技擊法》一書,係作者根據當年其先師、陳式太極拳一代宗師陳照奎先生拆拳秘授此拳用法時的原始記錄,整理出版的一部專門介紹傳統套路(一路83式,二路71式)實戰用法的著作。該書圖文並茂、文筆流暢,非常細膩而生動地介紹了陳式太極拳一招一式,乃至每個動作的技擊含義。

　　此書的出版,對揭示傳統太極拳的武術本質,恢復太極拳的武術風格,弘揚太極拳的技擊功能,會起到相當重要的作用。

技擊，是太極拳的靈魂
——代前言

　　技擊，是武術的靈魂，傳統的陳式太極拳也不例外。雖然太極拳的內涵極其豐富，有它獨特的養生價值；但其精髓仍然在於它那陰陽相濟的技擊功能。太極拳，如果抽掉了它的技擊含義，則失去了它的真。所以不講技擊的太極拳套路，不是完整的套路，不講實戰用法旳太極拳傳人，不是合格的傳人。

　　有些練拳或傳拳數十年，而不清楚其技擊含義，眼神不知所向，力點不知所在，那麼他的拳永遠難以打出太極拳應有的氣勢和神韻。同時，根據現實生活的需要，唯有那些養生價值與護身價值兼備的拳種，才是人們最歡迎的。所以，繼承、研究和掌握太極拳的技擊法，是有一定現實意義的。

　　陳式太極拳一代宗師，十八世傳人陳照奎先生，所傳的陳長興家傳的老架、低架、大架太極拳，熔健身性、技擊性和藝術性於一爐，是當代最受人們喜愛的太極拳傳統套路。他所傳的陳式太極拳第一路（83 式）、第二路（炮錘 71 式），

兩套拳 154 個拳式、602 個動作，都有其鮮明的技擊含義。一旦把拳拆開來，一個個單式，都是有鏗鏘有力的散打技法；串起來，則如滔滔大河，是一套非常精美的套路。特別是他在教拳時，善於把中國古代傳統哲學中的陰陽學說、《孫子兵法》等古代傳統軍事學中的作戰原理，以及當代科學中人體力學的規律，融會於太極拳技擊法則之中。而且把拳理、拳架、拳法三者的關係講得非常辯證合理。

他常說：「你只有懂得了這套拳每個動作的用法，才能使你的拳架更加規範，因為套路中的一個個拳式，都是從實戰經驗中提煉出來，而編排成套路的。」所以，只有你掌握了它的技擊內涵之後，才能越練興趣越濃，越練功夫越深，越練道理越明，越練境界越高。

陳照奎老師教學，總是把拆拳講用法放在整個教學過程的最後階段。而且珍秘不輕易示人，他從未公開教過此拳之用法。他幽默地說：「這些東西不能公開教，否則警察要來抓我了，因為我是在教人打架。」同時，他又嚴肅地講：「用法是太極拳的精髓，不懂用法，架子也是空的；當然，你沒有扎實的拳架基礎功夫，招法也用不上。」因此，他對傳授用法既嚴肅又持重。總是強調學生要嚴格而扎實地練好拳架，每個動作都規範化之後才可言拆拳。而拆拳，又是擇人而傳。十年動亂患難期間，老師失業，我遭迫害，「靠

邊站」十年無工作，不幸中之幸者，我有緣跟隨先師學習此技，並承蒙先師不棄，在反覆嚴格學練拳架的基礎上，又詳細地口傳身授了一路、二路（炮錘）各個拳式的用法。同時，在拆拳過程中我也親身嘗受了此技巧妙而屬害的滋味。可惜，我係「半路出家」功底淺薄，未能將先師所授精華全部繼承到手。惟可幸者，當時發揮了我筆墨專長，做了詳細的文字記錄。

現在這部《陳式太極拳技擊法》，就是根據當年的記錄整理而成。特請劉昊同志為此書繪製了五百多幅插圖，使此書更臻完備。在先師逝世十二周年之際，特藉此書之問世以慰先師在天之靈；同時，將此書供給多年來追隨、支持和關心我的學生、再傳學生和《陳氏太極拳體用全書》（陳照奎講授、馬虹整理）的忠實讀者們。

在繼承、鑽研和實踐陳式太極拳技擊法的過程中，我還想提出幾點建議，供讀者參考。

第一，仍要以《陳氏太極拳體用全書》為學習基礎教材。因為它是陳照奎老師親自傳授的拳譜。《陳式太極拳技擊法》這本書僅僅是它的補充，或謂「續集」。

第二，研究技擊術，不能脫離拳架，更不能根據用法的靈活性而任意改變拳架的規範性，否則將捨本求末，失掉珍貴的傳統套路及深邃的內涵。

第三，研究技擊法，不可違背太極拳的原理。

要特別注意太極拳的技擊術與其他武術的區別。比此一般武術是把攻與防分別來講,攻則踢、打、摔、拿;防則格擋、躲閃等等。而太極拳則往往是把攻與防、化與打、引與進包含在一個螺旋式的動作之中,從而化打結合,化中有打,打中有化,攻中有防,防中有攻,對立統一,陰陽相濟。還有太極拳技法中的順勢借力、造勢借力,從反面入手,勁走三節,打空打回,特別是它那順逆纏絲、螺旋進擊、鬆活彈抖等等都是該拳固有的獨具特色的技擊法,是我們應該認真繼承的。當然,合理的借鑒吸收,取長補短,以不斷充實與發展自己的戰術,也是必要的。但必須以太極陰陽學說為其戰略戰術的理論基礎,否則將會喪失此拳具有的獨特風格。

第四,學習技擊法,還必須與功力訓練相結合。意念力的鍛鍊,應該重視,但是沒有厚實的功力做基礎,意念和技巧也是用不上的(請參閱拙著《陳氏太極拳拳理闡微》一書中《陳氏太極拳的技擊訓練與技巧》、《鬆活彈抖論》和《推手技巧及功力訓練》諸篇)。

第五,我還想講一個與上述內容對立而又統一、陰陽交濟的觀點。即鑽研技擊法的人不可忽視精神修煉的問題。太極拳不僅是健身術,不僅是技擊術,它還是一種精神修煉術,它是一種文化。這是太極拳與某些武技的重大區別所在。它不僅可以用來鍛鍊人的體魄,而且鍛鍊人的心

靈，它不僅給人以護身的本領，而且它還能鍛鍊
人的情操，完善人們的精神世界。所以那些有文
化素養的人，注重道德修養的人，善於從練拳過
程中去悟做人的道理。法國一個來中國學太極拳
的人就說：「我們學太極拳是從中學習人生哲
理。」企業家莫性才先生的《太極拳與企業管理》
論文之所以博得好評，就是由於他不僅僅是練拳
健身，而且把拳理與事業結合起來。還有一些人
從練習太極拳中去探討人體科學、醫學、美學、
軍事學等等。所以我說太極拳不僅是一種體育方
式，搏擊方式，而且它是一種思維方式。它不僅
可以改善人的體質，而且可以改變人的精神面
貌。從而使自己的身心能更好地適應世界上的自
然環境和人際環境，使自己鍛鍊成一個高尚而完
美的人。

　　某些人，也許是由於文化素質低的原因，總
是把武術、太極拳僅僅著眼於它的技擊功能，或
以表演、推手、散打的比賽名次為其追求的唯一
目標；或以為學了技擊就可以盛氣凌人，逞能鬥
狠，狂言狂手，甚至有人問他何謂武術，何謂太
極拳？他即揮舞起拳頭：「就是這個。」儼然一
副「赳赳武夫」的神態。這顯然有些不足了。

　　中國傳統文化中，自古以來都是講求文武一
道。提倡文武兼備。歷數歷史上的著名武將、軍
事家，大都是文化素質很高的人，道德修養很高
的人。如孫子、岳飛、戚繼光等等。

　　古人云：「有文事者必有武備」，我們何嘗不可再加一句：「有武事者必有文備。」正如陳鑫所言：「事雖屬武，必學文人風雅。不然狂於外，而失於中。」因此，我奉勸親愛的讀者在刻苦鑽研並努力實踐太極拳的技擊術的同時，萬萬不可忽視文化和武德的修養，重視自己的精神修煉。做到身心雙修，文武兼粹，德藝並進，才是我們所追求的崇高目標。

　　為此，特將陳鑫公所著《陳氏太極拳圖說》之《學拳須知》轉載於卷首，供習此技者認真學習並嚴格遵守之。

　　最後，對於熱心支持本書出版的好友和學生們致以衷心的謝意。由於時間和水平所限，書中難免有疏漏和差錯，尚祈大家給予指正。

　　　　　　　　　　　　　　　馬　　虹

學拳須知

陳　　鑫

　　學太極拳不可不敬，不敬則外慢師友，內慢身體，心不斂束如何能學藝。

　　學太極拳不可狂，狂則生事，不但手不可狂，即言亦不可狂；外面形跡必帶儒雅風氣，不然狂於外，必失於中。

　　學太極拳不可滿，滿則招損，俗語云：天外還有天。能謙則虛心受教人，誰不樂告之；以善哉積眾善以為善，善斯大矣。

　　學太極拳著著當細心揣摩，一著不揣摩則此勢機致情理終於茫昧，即承上啟下處尤當留心此處，此處不留心則來脈不真、轉關亦不靈，動一著自為一著，不能自始至終一氣貫通矣，不能一氣貫通，則於太和元氣終難問津。

　　學太極拳先學讀書，書理明白，學拳自然容易。

　　學太極拳學陰陽開合而已，吾身中自有本然之陰陽開合，非教者所能增損也，復其本然教者即止（教者教以規矩，即大中至正之理）。

　　太極拳雖無大用處，然當今之世列強爭雄，若無武藝，何以保存？惟取是書演而習之，於陸軍步伐止齊之法，不無小補我國，人人演習，或遇交手仗，敵雖強盛其奈我何？是亦保存國體之一道也，有心者勿以當戲之言棄之。

　　學太極拳不可借以為盜竊搶奪之資，奸情採花之用，

如借以搶奪採花是天奪之魄，鬼神弗佑，而況人乎！天下誰能容之。

學太極拳不可陵厲欺壓人，一陵厲欺壓即犯眾怒，罪之魁也。

——以上錄自《陳氏太極拳圖說》

關於技擊圖解的說明

一、本書技擊圖解，係《陳氏太極拳體用全書》各拳式技擊含義部分的交手圖解。省略了原書中拳式的動作說明和動作插圖，故未掌握此拳拳架動作的讀者，仍應以《陳氏太極拳體用全書》為依據，必須先學好拳架，再鑽研其用法為宜。

二、陳氏太極拳拳式之技擊含義，往往是一式多用，變化萬千。所謂高手者，應該是靈活運用，「挨到何處何處擊」。但作為文字表述和圖解，則難以面面俱到。本書所演述者皆為最基本的實戰用法，讀者應善於潛心體悟，舉一反三，結合功力訓練，久久練習，必能達到「從心所欲，運用自如」的上乘境界。

三、本書各式圖解的順序，與《陳氏太極拳體用全書》中「動作說明」的順序完全一致。

四、此書技擊圖，交手雙方，凡著中式服裝者為甲（我方），對手為乙。

五、此書技擊圖中，甲方所處方位，與《陳氏太極拳體用全書》中動作圖的方位基本一致。但為讓讀者看清技法，有的技擊圖的動作方位有所調整。有些無圖的過渡動作之用法，讀者應從文字說明中細心領悟。

六、動作相同、用法相同的拳式，皆從略，不作重複描述。

七、此書有些技擊圖解，為突出表達其實戰功效，其人物造型，動作高低，發放距離，偏前偏後，偏高偏低，

與拳架動作略有差異，請讀者注意，練拳行功時，仍嚴格以拳譜為依據，保持拳架的固有規範和傳統風格。

八、此書文字解釋部分，每式前邊皆加一《總述》，是為了使讀者對此式用法從整體上有個總的概念，然後再看各個動作的分解時，可以起到提綱挈領的作用。

目　　錄

上　編

陳式太極拳第一路　技擊法

下　編

陳式太極拳第二路　（炮錘）技擊法

上 編

陳式太極拳第一路　技擊法

第一式　預備式

鬆靜沉著應敵之姿，從容泰然備戰之態。既有大將臨陣之風度，又有嚴謹機警之神韻。

第二式　金剛搗碓

總述：此式取「金剛搗碓」之名，形容拳勢之雄壯有力。金剛，係傳說中諸神中力氣最大者。最後，掌拳合擊似搗碓之勢。此式人稱：「母式」。因為太極拳掤攦擠按採捯肘靠諸法，順勢借力、造勢借力、避實擊虛、聲東擊西、化打結合、引而後發、螺旋進化、整體運動等等陳式太極拳固有戰略戰術的特徵，幾乎都體現在此式之中，故讀者對此式要細心體悟。因此，陳家溝有云：「太極拳會不會，就看金剛大搗碓。」

此式總的技擊含義是：接應左前方之敵，敵以右拳（或掌）向我擊來，我提雙腕從敵右臂外側接應。先掤後攦，敵擠靠，我再走大攦；敵退，我則順勢反拿、踢、撩發之。來，則順勢攦；去，則順勢發。陳老師稱此法為「願來就來，願去就去；來之歡迎，去之歡送」。體現太極拳化打結合之妙。

動作一：

設敵從我左前方以右拳（掌）向我胸部擊來，我以雙手掤出接應。掤勁是一種螺旋式的彈性勁，它運行的特徵是下塌外碾，鬆活而有韌性。雙方搭手則細聽來力，邊聽邊進，邊化邊發。如果來力比我力小，我即掤勁加強，將它掤出，或順勢拿之（我右手反拿敵右手，左手管住其肘，合擊之）。如來力甚猛，則走動作二，用攦法。這叫隨屈就伸，急緩相應。（圖1、2）

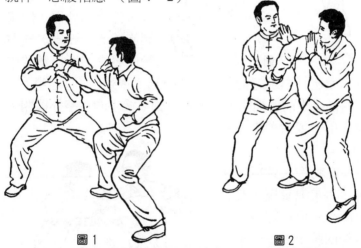

圖1　　　　　　　　　圖2

此動作做單式練習，可以練抖腰勁。即設敵人從我身後摟抱我，我以左右螺旋式抖動腰勁；同時雙手上掤，肘墜、胯鬆、腰塌，將敵人摟抱之力抖開。此亦謂打前防後之法。此外，還可以在提腕墜肘時，練習以肘彎截擊，或肘截手發（先拿後發）等技擊法。

動作二：

敵來力凶猛，且進身較近，我即迅速將掤勁變為攦

圖3

勁，向我身右側偏後攦出。此稱攦化之法。攦式尤其要走下塌外碾之勁。雙掌先塌掌根，左手逆變順，塌小魚際變順；右手順變逆，塌大魚際變逆。在意念中塌掌根要力達對方之腳跟，然後向外碾（即走螺旋式的下弧線）向右後側發之。所以拳式中凡順變逆，逆變順都要先塌掌根，再走攦勁，有時走雙手，有時前手走前臂裡側，走裡合肘勁，後手向右略外撥開來力後引（或拿）之（圖3）。

此動作如做單式練習，可走退步攦。要上下配合，反覆練習。以腰帶四肢，周身一家，方能有效。

動作三：

接動作二，若敵來勢凶猛，且上身前傾貼近我身，我則上盤雙手繼續走大攦，下盤提左膝、提左腳，先用膝擊

圖4

其襠腹，再用左腳蹬其右腿、右膝，或插襠，或從其右腿外側用套腿之法。此時定要注意襠走下弧，重心右移；提左腿時要注意膝裡合。以便護己之襠，攻防兼備。（圖4、5）

圖5

　　此動作如做單式練習，可走上步挒法。即右腳震腳，左腳向前發蹬勁，上盤雙手發挒勁。上下動作必須既對稱（雙手向右後挒，左腳向左前蹬）又協調一致。

動作四：

圖6

敵欲退，我變進。敵右膝被蹬，欲退步變招，我即乘勢雙手由挒變按，同時，我若係插襠，則可以迅速走肩靠，肘擊（擊胸、擊肋擊其右臂反關節

均可）。此時，右手可以反拿敵右手，左手管其肘部反關節，雙手合力拿發。此時，如左右上下合力及時，前後左右發放皆宜。如我是左腿套在敵右腿外側扣住，即可運用摔法。如敵人退得快，我可用躍步快速進攻。此動作特別要注意腰勁的運用。「進要腰功」。（圖6、7）

此動作做單式練習，可以走躍步擠、躍步靠等法。

圖7　　　　　　　　圖8

動作五：

敵不得勢繼續後退，且退得很快，我即迅速採取「三盤併取」之法。即左手向敵面部眉眼之間發撩勁；同時，右手隨身向敵下部發放撩勁或戳勁；同時，用右腳向敵小腿或膝部踢擊。做到上、中、下三盤同時併取。又叫上驚下取，下驚上取，使敵防不勝防。此時，必須注意左腿左腳之支撐力。因此時重心全部移在左腿，左右手及右腳三

點同時發勁，左腿不穩定則難以取勝。（圖8）

　　此動作做單式練習，可以用沙包或樹樁為假設目標，練習此種三盤併擊之法。

圖9　　　　　　　圖10

動作六：

　　第一段之含義是趁敵人後撤之機，我雙手合拿其右臂或左臂。拿右臂即我右手拿敵右手，左手管住敵右肘，合擊之（圖9）；拿左臂，則以右手上托其肘關節，左手下採其前臂，上下合擊（圖10）。第二段之含義，即左右手走上下分捌勁，右拳擊其胸部和下頜骨。同時以右肘點擊其胸部。此謂「

圖11

迎門肘」(圖 11)。如走敵左臂外側，則以右拳、右肘擊其左肋。下部則提膝擊其襠部、腹部(圖 12)。

第三段含義，即雙手上下合擊其左臂，右肘下採其反關節。此謂「橫採肘」。下盤則用右腳踩跺敵腳。震腳更重要的含義是加大雙手合擊之力，注意此時必須充分體現周身一家，氣沉、勁整、身正之勢。(圖 13)

圖 12

圖 13

學練此式時，還可以結合推手（順步推手）反覆練習掤、握、擠（靠）、按等手法。從中細心體悟此式技擊性的豐富內涵。

第三式　懶扎衣

總述：

此式名曰懶扎衣，取其定式外形，撩掖戰袍備戰之姿。又含大將臨敵從容不迫之態。其技擊含義，先是對付左前

之敵，再迎擊右側之敵。對左側之敵用掤、拿、挒擊之法；對右側之敵，則取上引下進（擊）之法、右引左進（擊）之法，以及下扣上翻（摔）之法，上下左右化打結合，使來敵攻防皆難。

動作一：

（接金剛搗碓定式）左側之敵雙手將我雙腕拿住，向我胸部擊發。我先向右前掤引，使敵來力落空，並解脫敵雙手

圖 14

之拿勁；然後我右手反拿其右手，左手管其右肘反關節，向左外上方掤化之。此謂「欲左先右」之戰術。實戰時，下盤可以配合用虛腿裡插、外套、膝扣（擊）、跪打等法。（圖 14、15）

動作二：

分挒法。右手逆纏向右外挒開，可以順勢用手或肘擊打敵人的面部、頸部、胸部；左手下採，可以砍擊敵右肋、右腰、右胯。同時可以上步插襠走摔法。此時敵人若提右腳進擊，我則以左手下採摟開（或拿住）敵右腿，下採上挒，也是一種摔法。（圖 16）

此動作單式練習，可走左右手斜向分挒　發勁之法。注意腰為主宰，丹田帶動的要領。

動作三：

接應右前來敵。敵上左步用雙手抓我右臂外側，施推

圖 15　　　　　　　　圖 16

按之勁。我用上引下進之法迎之。即右臂肘手順纏下沉，
走下弧，向左前引化來力（注意掤勁不丟）；同時，我輕
輕（悄悄）提右腿向敵左腿外側蹬出，或用插襠，或用蹬
擊敵之膝胯等關節，或蹬向敵左腿外側，膝裡扣，用套法，
準備走上翻下扣之摔法。故稱「上引下進」或「上引下擊」
之術。「下進」，不只是進腳、進腿，而且盡可能進胯，進
腰。進得多，便於走貼身靠摔之法。同時，當我右臂向左
前引化敵雙手之時，敵身若前傾，我左手則向右側敵人的
面部進擊，這又叫「右引左擊」。故打拳時，我雙手運勁
時，一定都要走圓弧，走圈，特別是左手萬不可走直線，
走近路，而失去左手走上弧擊打敵人面部的機勢。拳論云：
「無凹凸、無缺陷、無斷續」，非常正確，此處應再加一
「無直線」。雙臂交叉的含義是左手沉在右肘彎上，是為

保護自己面部，並準備與下一動作手肩合力走靠勁。（圖
17、18）

圖 17　　　　　　　　　圖 18

　　此動作另一用法，是敵人用雙掌或拳向我右肋猛擊，
我即乘勢右臂肘下沉，用採勁截引對方來勁，使其落空。
下進之法與第一種用法相同。

　　此動作做單式練習，可以上引下進，右引左進，上下
對稱發勁。四肢發勁時，仍要注意以腰為軸心，以丹田為
樞紐。

　　動作四：

　　靠法。設敵繼續以右手拿我右腕，左手管我右肘反關
節，欲把我推出。我即用臂引肩靠之法。此時（必要時）
我右腳前移，進一步插襠貼身，用肩肘靠擊敵人的胸部、
腹部（圖 19）。若右腳在敵左腿外側，則走上靠下扣外翻
之摔法。

圖 19　　　　　　　　圖 20

　　單式練法：右臂向左前引，右腿向右側進，發對拉拔長勁（斜向），跨一步發一個靠勁。可左右反覆練習。注意發靠勁時，一、重心穩定；二、肩胯相合。右肩必須與右胯上下配合，肩胯一齊到。

　　動作五：

　　挒勁。分，為挒。我用肩靠擊，敵若後退，我則順勢左手拿敵左手，右手敵左腋下走橫挒勁。敵稍退時走右肘勁，再遠走右小臂、右手之右挒勁。體現三節勁，節節貫串，節節打入。同時我右膝裡扣，以下扣上翻之勢，走

圖 21

摔法（圖 20）。如我右手仍以敵臂外緣走勁，則用左手反拿敵左手，右臂肘橫捌敵左臂之反關節，或以右掌擊打其面部、胸部、肋部。

動作六：

當敵後退稍遠，我右手仍能接觸其胸部時，則迅速走下塌外碾勁，向右側發放之。此時，我胸腰左轉，加大腰勁，重心移左，鬆胯塌腰，以加大右手發放之力，同時體現右發左塌之勢。此動又曰「中定勁」，表現一式終結，調整呼吸和重心，以利再戰。（圖 21）

第四式　六封四閉

總述：

接上式，仍係以對付右側之敵為主。引而後發，再引（攦）再發。全式體現邊引化邊發放，先引化再發放，兩者互為其根。化中含發，發中有化，化打相濟。

動作一：

敵人從我右側，雙手抓我右臂施推按之勁，欲將我按癱推出或推倒。我即乘勢右臂下沉畫弧隨身左轉，向左前下引進，使來力落空。引進時，我還可以以右手反拿敵右腕，使之上身前傾。在引進時，可以同時進右肩發靠勁，此謂「邊引邊靠」，「左引右靠」之法。（圖 22、23）

此動作另一含義是：敵人用右拳向我右肋擊來，我乘勢右臂肘下沉，採擊敵右臂。

動作二：

體現「引進落空合即出」的一個合勁。當我右臂引敵

圖22　　　　　　　　　　　　圖23

來力落空之際，我雙手逆纏下沉（向左前側下沉，此沉是
為了欲上先下，欲右先左），雙腕合住勁，準備用雙肘、
雙手反擊敵人。如上動作我用右手反拿敵人右腕下沉之
後，我左手可以配合右手拿住敵人手腕準備邊拿邊發之。
（圖24）

圖24

動作三：

接上動作，當敵人落空之際，我迅速雙臂合力向前上擠擊敵之胸部、頭部；如此時敵雙手按我雙肘，正好我可收肘借力發放雙手雙腕擊打對方之掤擠勁。若按上動作敵按推勁落空、身體前傾之勢，我還可乘勢用雙臂肘合擊其頭部、面部。（圖25、26）

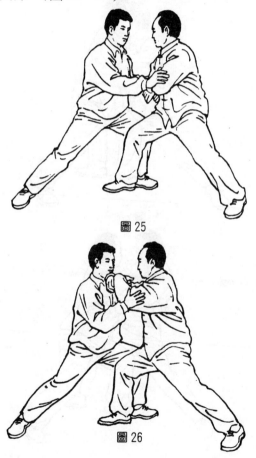

圖 25

圖 26

　　若敵此時從對面雙手將我攔腰抱住，欲將我摔倒在地，我即鬆肩墜肘，含胸塌腰，屈膝向左下鬆沉，然後用雙手臂合力反擊敵之胸部、咽喉部，這樣既可以解脫敵環抱之圍困，又可以將敵發倒。但此時一定要注意雙手肘向右上發勁，左臀必須下沉，以體現右發左塌之勢，保持重心穩定。（圖27、28）

圖 27

圖 28

　　以上三個動作可以聯合起來組成一個單式，進行練
習。一引一發，一化一打，震腳發勁，反覆練習，充分體
現太極拳化打結合之優勢。

動作四：

　　右側之敵又用左拳（掌）擊來，我即乘勢向左前走攦
式。左手刁拿其腕，右手管其肘，或用我右肘裡側管住敵
肘外側（這叫裡合肘），雙手走下塌外碾之勁，向左前方
將敵攦發出去。即順手牽羊之法。此式一定注意既走下弧，
又要向左前發勁，不可只向左引、以防敵人乘勢用左手臂
向我左後施摟（平聲）摔法。為此，此時要注意走外圈離
心力，腰、腹、胯、腿都要向外運掤勁。周身走離心式的
掤勁。同時，還要注意雙手向左前攦，右肩向右前靠，配
合雙手將敵人邊攦邊靠合力發出。（圖29、30）

　　單式練習，可以練習發放下塌外碾之攦勁，震腳以加
大雙手的攦勁。可以左右練習。

圖29

圖 30

動作五：

圖 31

接上動作，在攦敵使其不得勢時，敵變招抓我雙肘彎，上左步插我襠內，欲用肩靠，或用手將我推倒。此時，我臂肘迅速一開一合（先開後合），以雙肘彎緊緊合擊敵雙手（也是一種拿法），同時，我雙手進入敵胸部，準備將他推出。（圖 31、32）

設另一種情況：敵被我攦失勢欲退，我迅速乘勢左手

拿住敵左手腕，用右肘由外下沉再挑擊敵人左肋部。此時，
我還可以用左胸靠擊其左肘反關節。（圖31）

動作六：

圖32

敵退我進
。雙手快速先
逆後順，先下
按（塌掌根）
後外碾發放，
向其胸部、腹
部、胯部皆可
發按勁。走按
勁也要下塌外
碾，先逆纏下
按（推其根節

），再變順纏向前上
外發放。雙手又是
走一個下弧線。注
意施按勁時兩臂不
可失掤勁。同時，
還要注意周身之勁
走立體螺旋，當雙
手向右前施按勁時
，胸腰卻要左轉，
其目的是為了配合
雙手之勁走右胯靠
勁，手按胯打上下

圖33

配合，發整體勁。因此，左腳收回時一定要走後弧線，也是為了配合發放右胯之靠擊勁。這種手按胯打之術可作為單式練習。（圖33、34）

圖34

第五式　單　鞭

總述：

此式係先對付右前方之敵，接著再應戰左前方之敵。但以左臂肘手之引化與發放勁為主。與懶扎衣後半部動作相反相同（方位相反，勁力相同）。此式與懶扎衣一式又謂左右對稱之式。

動作一：

接上式，我按推敵人胸部時，敵雙手按我雙肘，我雙肘沉合，雙順纏，借對方之來力，我雙手一引（右手）、一進（左手），我左掌進擊其咽喉、胸部、肋部；右手下

沉引化敵來力。(圖35、36)

圖35　　　　　　　　圖36

　　此動作第二種含義：設敵以右掌或拳向我右肋擊來，我即順勢身向右轉，重心變左，同時右臂手順纏外翻用採、挒勁外掤略下沉引化，使敵右拳或掌發勁失控，同時我左掌向敵右腰、肋間擊去。借敵失控之勢發之。

圖37

　　此動作第三種含義：設敵人從我右前側以右手逆纏掌心向下抓住我右手腕，其左手順

纏、掌心斜向上抓住右肘關節，欲進步以雙手用按勁將我推出，或欲反扭我右臂，使我成背勢。我即乘勢先外翻順纏用採、挒勁使敵重心失控，乘勢用左掌向敵右肋、腰等部擊去。(圖37)

動作二：

接前例，我右手腕被敵右手拿住，敵欲將我右臂反扭，使我成背勢。此時，我右掌順勢捏攏下沉，我左手乘勢扣拿住敵人抓我右腕之手，我雙手合力，邊折拿敵右腕，邊解脫右手，同時右肘外折，用肘尖擊敵胸、肋部或腹部

圖38

圖39

。右手捏攏既有利於解脫，又可以集攏手指戳擊敵之胸腹部。此時，左手發揮與右手合力反拿作用之後，順纏下沉至腹前。（圖38、39）

動作三：

設左側之敵上右步用左手管我左手腕，右手管我左肘部，施用按勁欲將我推倒，我即乘勢身向右轉左臂上引，重心放在右腿，同時提左膝裡合向外斜下向敵人右膝蹬出，將敵擊傷或蹬倒。或左腿向左邁

圖 40

步套在敵右腿後，準備用摔法。（圖40）

動作四：

接前例二，我用左腿套在敵右腿之後，重心由右移到偏左，用左肩外靠配合左膝裡扣勁，使敵後仰摔倒。（圖41）

動作五：

接前，在我

圖 41

用左腳將敵右腿套住後配合左肩靠裡扣外翻之時，敵向右
旋轉欲引化或要退右步，我即乘勢用左肘向敵胸部擊去，
再遠則以臂手用挒 勁外展向敵胸、頭部擊去。(圖42、43)

圖42

圖43

動作六：

最後，發左掌塌外碾之勁，運到梢節。重心偏右與左臂肘手下沉（左重則左虛）上下相合。另外是左臂向左運化或發勁，要形成對稱勁。所謂有左即有右，有右即有左方為對稱。這是練習拳術運化、發勁、穩定自己平衡的關鍵，即中定。（圖44）

圖44

單鞭一式名稱之含義在於象形。右手五指捏攏形成勾手，是當意注左手之時，以防右側之敵乘虛抓手扭指。若對付正面之敵，此時，勾手腕背含有（配合左手）向左擊敵頭、肩、肋之意。

第六式　第二金剛搗碓

總述：

此式分兩節，後節（動作二、三、四、五）與第一金

剛搗碓（動作三、四、
五、六）技擊含義同。
前節兩個動作很重要。
這兩個動作雖然是--引
一發，但它卻充分體現
了太極拳在技擊術上的
三大特徵：一是「欲左
先右，欲右先左」的聲
東擊西的原則。二是體
現出引中可發、發中含
引、引發互根的獨特技

圖45

巧。三是體現發放勁之前，必須有一個下塌外碾的下弧勁。
這種發功勁技巧非常重要，讀者可以在練推手、散打中細
心體悟，切切不可忽視。

動作一：

敵人從我左側出右掌（拳）進攻，我先接應順勢向右

圖46

上外掤（含引，
也含發）。如敵人
失勢欲後退，我
迅速先下沉，襠
勁、腰勁、手勁
都走一個下弧，
即下塌之勁，然
後向我身左側發
掤挒推放之勁。
如敵人比我個子

圖 47

高，我雙手攦時走上弧，可以過頭，便於以左肘反擊其右
肋。當然，敵人個子不高，我即走中攦，不必過頭。有人
譏諷我的老師雙手過頭之圖像打籃球狀，其因是由於他不
懂此拳的技擊含義而已。陳老師云：「此係少見多怪。」（
圖 45～48）

圖 48

　　此動作做單式練習非常有意義。練習這種欲左先右、欲右先左的折疊勁，可以使化打結合，蓄發結合，且可以迷惑敵人。同時一蓄一放還可以加大爆發力的威力。可以跳躍進退，震腳，練習發放這種來回勁。但一定注意走順逆變化的螺旋勁，防止直來直去。

　　動作三、四、五：

　　同第一金剛搗碓技擊含義相同，略。（圖49、50）

圖49　　　　　　　　　圖50

第七式　白鶴亮翅

　　總述：

　　此與懶扎衣動作相似，前四個動作基本相同。動作五、六與懶扎衣不同之處在於懶扎衣係橫向挒，此式系斜向挒。最後都走鬆沉下塌外碾之勁。

　　動作一至動作四：

　　與懶扎衣技擊含義基本相同。略。

動作五：

　　敵人雙手抓我右臂肘，卻用按勁將我推例。我即乘勢身向左轉，右臂肘引進，同時進右步插襠，或套住敵左腿，同時左手上合至右肘彎上，用右肩靠敵胸腹部等。此稱「迎門靠」。敵如後退，即可用右肘或掌擊敵胸腹。左手上合的作用：一是保護自己，防止對方用捌勁擊面部；二是右手引左手擊，或是左手與肩靠肘擊合力向敵擊出，加大發勁力量。左手逆纏下沉的作用是：一是右肘向右上擊時，左手下沉是攻上防下，可以走右挑左切之勁；二是手向左下沉展開是與右手的開展形成對稱勁；三是我左手拿住敵左腕，右手插入腋下，走捌勁。左腳跟步是為了加大右胯的靠擊力量。（圖 51）

圖 51

動作一、二：

第八式　斜　行

總述：

第一個斜行用法練習很重要。其重要性體現在動作

一、二的絞法和動作四、五的拗步下採上擊之法。某些派
生的太極拳只繼承了其拗步摟膝之動作，卻忽略了前者。
非常可惜。讀者要注意，萬萬不可忽視動作一、二的含義。

是左右兼施、
並合兼用、欲左先
右、欲右先左、欲
順先逆、欲逆先順
的一種絞擊法。其
他武術項目中也有
類似動作，如形意
拳中叫「貓洗臉」，
螳螂拳中叫「螳螂
手」等等。用手掌
擊打敵人的面部，
往往是欲左先右，

圖 52

圖 53

圖 54

右手先打其左臉，當對方防護左臉時，左手速打其右臉，使他防不勝防。摔法也是如此，欲往右摔他，先向左絞，再向右摔，非常省力，因其中借用了對方的反

圖 55

彈力。此動作要反覆進行單式練習。即練手法，又練身法，既練掌擊，又練摔法。當右手揚起向左上打時，左手下沉，身向左轉；當左手上翻向右上打時，右手下沉，身右轉，而且都走順逆螺旋勁，忽上忽下，忽左忽右，上下翻絞，使敵人迷失攻防方向。其絞擊過程中，要注意手、肘、上臂和肩部三節勁的節節交替運用。如敵抓我雙肘彎部，我還可以運用肘彎截勁絞擊之。（圖 52～56）

動作三：

　　是雙手接應敵右手、

圖 56

走上引下進、上攦下蹬（套、插）之法。（圖 57）

動作四：

敵雙臂被絞住，
或右臂被我拿住，我
左腿已乘機套住敵在
前之右腿，我左膝裡
扣，左手肘向天下沉
（上下結合）外翻，
用左手外翻、左膝裡
扣之法將敵人摔倒或
發出。貼身則用左肩
帶。敵如右轉欲逃，

圖57

我可用右肘或右手向敵胸肋擊出。敵如距離稍遠，可用右
手前推，配合左手攄、左腿扣將敵摔倒。敵右腿如被套住
提腿換步身向右轉欲變招，我即乘勢進一步以右掌向敵胸
、面、肋部出擊，將敵擊倒。（圖58～61）

動作五：

敵身向右轉
下沉，同時左腿
乘勢向左側外邁
步，變成左轉右
虛，並乘機想用
左肘向我身右側
進擊。我即乘勢
身向右轉，同時
以右肘手向右外
展開，用挒勁擊

圖58

圖 59

敵頭部右側。敵如讓開，我左手亦可乘機以向手腕背橫勁擊敵頭右側或身右側。此動作還可以左手拿敵左手腕，右手擊其反關節。（圖 62）

圖 60

動作六：

　　為一式的終了，氣沉丹田，肩胯、肘膝、手腳、上下左右、左上右下、右上左下相合，內外結合，這也是「中定」之意。但其中也含有右掌下塌外碾（外發）之勁。類似單鞭最後之動作。故有人稱斜行之五、六動作為「右單鞭」。

　　此式做單式練習，可以側重練習前部的絞勁，和動作四的左手摟、右掌擊，或左手摟、右肘擊之打法。

圖61　　　　　　　　　　圖62

第九式　初　收

總述：

　　此式充分體現太極拳順勢借力、造勢借力之巧用。開始設敵人雙手抓（或推）我胸部，我略右轉，是從胸部讓敵人左手

圖63

圖 64

落空；略向左轉，是讓敵人右手落空，同時，我迅速用雙手
下沉裡合上翻外開而掤開敵人雙手，並乘勢進敵之胸部、頭
部，然後再順勢反拿敵雙手肘臂，向上托發。如敵人避我上
托之勢而下沉，我又順其下沉之勢，變按，按其臂、按其肩
、按其頭，隨機應變。同時，下邊提膝擊其襠腹部，如他低
頭，即擊其頭部，上下合擊，使敵失敗。

動作一：

　　設敵人上右
步以雙手掌向我
胸前推擊。我即
乘勢以雙手臂開
合的採、挒勁橫
擊敵左右肘（橫
勁破直勁），敵雙
手臂的直勁被擊
截斷。然後，我

圖 65

雙手合住敵雙肘托端發放之。(圖63～65)

　　動作二：

敵乘勢蹲身塌腰屈肘下沉,反抗我的上托力,這時我即乘勢以雙手摟敵頭部或肩部,用雙逆纏下採按敵頭部,同時提左膝配合雙手下按敵頭部的採

圖66

勁,用左膝向敵胸、面等部位撞,上下合擊。此處還可運用「提膝截肘法」。(圖66、67)

圖67

此式做單式練習，一練橫（捯）破直的開勁；二練上按下提膝的合擊勁。

第十式 前蹚拗步

總述：

此式為敵退我進、沾連粘隨勁的練習式。接上式，如當敵被下按處於背勢時，他突然變招，以右拳掌向我腹部、襠部進擊。我於是變右下攔之法。同時，繼續提左膝擊其肋部、腹部，敵不得勢欲退，我緊緊跟隨，他撤步，我插襠，他再撤，我再進。上肢緊緊相沾連，隨其退而進，體現窮追猛擊之勢。而且手、肘、肩、胸、腰、胯、膝、腳，節節進逼出擊。

動作一：

敵人趁我下按之勢，出右拳擊我腹部，我即乘勢身右

圖68　　　　　　圖69

轉,左臂隨身右轉向右外攦化,同時繼續提左膝擊其肋或右肘,如敵欲後退,我左腿隨勢外擺腳(含有踩敵下盤之意)落地變實,右腳跟離地變拗步為虛。同時左手由己身右前上掤敵臂手,並以右手從身右側旋轉隨身左轉,以捌勁橫擊敵身左側。如離敵距離近即以右臂屈肘擊敵左肘部。(圖68～70)

動作二:

接上動作與敵貼近,即以左右手外掤敵左臂,乘勢近身用右肘擊敵左胸或左肋部。(圖71)

圖70　　　　　圖71

動作三:

敵身左側有被擊危險,再後退,我即乘勢提右腿向右前蹬、踩敵中下盤,或上右步插襠,或套其左腿外側以右肩肘及右掌靠擊、捌擊敵胸、面等部。(圖72、73)

讀者注意:動作二的雙手橫向掤擠之前,交叉手先向上走一個抖勁,也是一個接勁,胸腰折疊,然後再走掤、

擠之勁。這叫欲橫先豎，給敵人一個錯覺，讓他感到我勁向前上去，實際我準備走橫擠、橫挒之勁。聲東擊西，從而使他中盤空虛，便於我進擊。這種動作變化可做單式練習。

圖 72　　　　　圖 73

第十一式　第二斜行

總述：

此式與第一斜行相同，但與上式連接的兩個過渡動作也不可忽視。這是一種「欲左先右，欲右先左；左引右擊右引左擊」的練習方法。

動作一：

敵上右步，以雙手抓我右臂肘，要把我推出倒地。我即乘勢身向左轉，右臂肘懸走下弧引進。使敵勁落空。（圖74、75）

第二種含義是敵如在身前中線以左拳或掌向我胸部擊

來，我即乘勢以左手由順變逆外掤敵左臂，同時，以右臂
肘用挒勁橫擊敵頭部或身左側，這是橫破直勁。

圖 74

圖 75

動作二：

接上動作，敵推按勁落空，如欲後退，我即右腳外轉

落實，以右手外捌，抓敵右臂或腕，向右側外攦採，並以左手管敵右肘臂，同時提左腿以腳踵蹬攻敵下盤，這也是一種上掤化、下進擊的戰法。（圖 76）

圖 76

動作三、四、五、六：
同第一斜行。

第十二式　再　收

（同前）

第十三式　第二前蹚拗步

（同前）

第十四式　掩手肱錘

總述：

此式在陳式太極拳中是技擊含義較豐富、用處較大、出現較多的一個拳式。一路拳中四個，二路拳中六個。讀者要特別重視此式的運用方法。有的派生太極拳中的搬攔錘、撇身錘，其實都包含在此式之中。陳照奎老師所傳掩手肱錘與他人傳授的區別很大，練法多變，動作細膩，用法豐富，請讀者仔細比較。

動作一：

包括三種用法：

設一：敵人上右步以雙掌向我胸前擊來，或抓推我雙臂，意欲把我擊傷或推出，我即乘勢身略左轉，雙手外開，先把敵雙手合力捌開。再向右轉裡合，右腳收，提膝，調整方位，變左腳向左前插敵襠或套在敵右腿外，雙手裡合

圖77

上翻，再合勁下沉，用捌採勁擊敵胸部，如敵抓我雙臂，
我屈肘可以兩手臂圈絞截敵臂肘。雙手上翻時，左掌由左外
側向敵身右側頭部橫擊，或圈截採封閉敵右肘手，使其勁斷
失控。右拳上翻可以擊敵頭部左側太陽穴。或雙手合擊其頭
部。（圖 77～81）

圖 78

圖 79

圖 80

圖 81

設二：敵如上左步，用雙掌向我擊來，我先用雙開勁，掤開來手，然後身右轉乘機右拳肘上翻絞截採。同時，提右膝擊其襠部，然後震腳踩敵腳面，敵如後退，可重心變右，提左腿蹬敵下盤，配合雙手上翻裡合下沉捯採勁的絞截，上下合擊使敵受傷或處於背勢。

設三：發揮右拳向右外撇擊之作用。如敵雙手抓我左右手腕，我斜向捯開，右拳先下沉再上翻，捯擊敵左胸。此時，我右拳若能下沉插入敵右臂腋下，可以用右臂肘兜擊對方右臂，左手配合將其右臂引直，右手用兜法更為有利，然後再走提手、提膝動作。

動作二：

先後進行的開、合、開三個動作，有三個含義。如貼近敵身，我身先左轉，用左肩靠，左肘頂擊敵胸部或面部。右拳順纏外翻是為了與左臂肘的捯勁配合，體現開中有

合，同時配合左膝裡扣，左臂、肩、肘、手的外開勁，可以用下扣上翻勁將敵擊出或摔倒，這是第一個開勁。當我左肘與右拳施外開勁時，敵人抓住我右手腕推擊我，我再肘拳相合，以下採肘解脫被拿之右腕。（圖82）

圖82

此動作另一含義是我右手反拿敵右手，與我左肘合擊之，故此合勁之後，為

第二個開勁。

動作三：

雙手逆纏外開將敵人雙臂捌開，是為了動作四的合蓄
勢做準備。即欲合先開。（圖83）

圖83　　　　　　　　　　圖84

動作四、五：

如敵乘勢含胸右轉，退右步，欲逃走，我即蹉步調襠，
由開變合，蓄勢，以左前手掩護，右拳從左肘下逆纏向敵
胸部擊去。這叫出手不見手，出敵不意。此時如距離敵近，
可用右肩靠，稍遠可以右肘擊，再遠則用拳擊，此謂太極
拳的三節勁。（圖84～86）

此式單式練習，一、練上提雙手（掌拳）合擊上盤，
下提膝擊襠部，再震腳擊根節。二、練習調步合襠蓄勁之
合法。三、練習躍步震腳採肘勁。四、練習發彈抖式的拳
擊勁（注意肩、肘、拳三節勁的節節貫串的連發勁）。

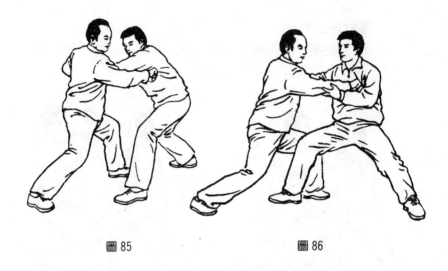

圖85　　　　　　　　　圖86

第十五式　十字手

總述：

此式一開一合一轉體三個勁，包含有掤、捋、肘、拿、靠、摔等多種技擊法。

動作一：

含三種用意：

設一：接上式，雙手向左下右上捋開，含有右肩靠

圖87

圖88

擊右後之敵；然後再對付前方之敵。

設二：敵人以右拳向我胸部擊來，我即乘勢以右掌逆纏向右外（偏上）掤捌開；然後，我反拿敵右手腕，左手拿其肘部，左右手配合擰拿敵右臂肘，使敵處於背勢。（圖87～89）

設三：敵上右步，以右拳向我胸部擊來，我乘勢以左手下沉再向左外上翻掤敵右臂，乘其胸腹部空開，我即以右掌擊之。

動作二：

圖89

是雙手交叉拿、靠、摔之法。

接動作一設二之含義，我左右手合拿敵之右臂肘時，敵欲下墜後退，我乘勢加緊拿勁，以左肘向我身右側橫擊其右肘、右肋，同時配合身右轉

，右膝（腳）外開，上下合勁，將敵人向我右前方摔出。
發此勁時，一定要鬆肩、墜肘、塌掌根，重心下移，丹田
帶動走腰勁，運用整體勁，方能發得乾脆利索。（圖 90、
91）

圖 90　　　　　　　　　　圖 91

　　動作一、二，均可做單式練習發勁。前者發斜向分挒
勁，後者練以擰腰帶動四肢的整體勁。

第十六式　第三金剛搗碓

總述：

　　此式與前兩個金剛搗碓之區別，在於動作一、二。這
兩個動作體現太極勁中，「仰之則彌高，俯之則彌深」，以
腰為支點的上托下採槓杆勁。可做兩個單式練習，前者可
以練習左下右上雙肘發勁，或左下右上雙掌發挒勁。後者
，可以練習一手上托對方肘，一手下採對方手肘的分挒勁

，如近身可練摔法。

動作一：

接十字手，設敵
進右步用雙掌向我胸
部擊來，欲想把我擊
傷摔倒。如距離近我
即乘勢由十字手變為
用雙肘橫捌或斜掛分
捌敵雙臂裡側，如距
離遠即以雙手橫或斜

圖 92

分敵雙臂，使來力落空。（圖 92）

動作二：

設一：敵人用雙手抓我雙肘臂，欲將我推出，我即乘
勢身右轉，右臂向右外側下沉，使敵左手勁落空，同時左
手逆纏上翻沉肘截敵右腕。敵右腕被截，左手勁落空，必

圖 93

圖 94

圖95　　　　　　　　　圖96

致失勢，我即乘勢以右手臂，領右腳畫弧再向前以手向敵胸腹擊去。同時右腳向敵腹部或膝部踩、踢進擊，同時左手向敵面部擊打。這是上、中、下三盤同時向敵進攻之法。

　　設二：我以右腳在前，用雙手抓住敵雙臂肘，以左手上托裡翻敵右肘，同時右手向右外下用採勁採敵左肘，敵被我左托右採失勢後，我即可乘勢以右手、右腳向敵人中下盤進擊，進而配合左手向敵面部進擊。這仍是上、中、下三盤同時進攻之法。此時，如我上左步插入敵襠內，左右臂一下一上、一托一採，即可施摔法。（圖93～96）

　　動作三：

　　與第一金剛搗碓第六動作同，與第二金剛搗碓第四動作同。略。

第十七式　庇身錘（含背折靠）

總述：

庇身錘又稱披身錘。為「擊前打後」之法。全式用法包含兩種含義：一是對付身後摟抱我的敵人。舊稱「神仙大脫衣」。二是對付從正面進攻的敵人（《陳氏太極拳體用全書》只介紹了第一種用法。其實第二種用法更實際，內涵更豐富多彩）。

第一種用法：

動作一：

敵人從身後雙手臂將我攔腰抱住，欲將我摔倒在地。我即乘勢沉

圖97

肩、鬆胯，同時雙手由順變逆纏，以大指扣拿敵雙手虎口，餘指扣拿敵雙手小指，敵雙手虎口被拿疼痛鬆開，我即乘勢繼續拿敵雙手向身前兩側分開，使敵雙手環抱失效。（圖97）

動作二：

我即乘勢將敵雙手由身前兩側向前上合，同時乘勢右腿向右貼地蹬出，絆擊敵右腿，配合上引合敵雙手臂，使敵重心上翻。

動作三、四：

敵雙手被拿合我身前上，右腿被絆住，我即乘勢以腰、胯、腿、腳跟逆纏裡合外崩彈之勁，將敵由我身後向我身右前摔出。（圖98）

動作五：

如敵未被摔倒，乘勢身下沉。我即乘勢用右肘向敵肋

圖 98

部、腹部回擊，再運用腕背點擊，或用拳擊。

動作六：

是繼動作五之後，如敵
仍下沉，我即乘勢下沉以
腰、胯、肩、背隨身左轉，
右手（原虛握拳）拿敵右手
逆翻向上再向右前上，配合
左手拿敵左手逆纏下沉，配
合右肩、背、胯逆纏上翻將
敵由後挑起上翻，摔倒在我
身前。

圖 99

動作七：

若仍未能將身後之敵翻

摔過來，即變招改用右肩、右背用靠擊之勁向後發之。或前或後均以敵力變化制宜。(圖99)

第二種用法，即對付身前之敵：

動作一、二：

身前之敵按我雙臂，我先向左右捋開雙手，然後上翻裡合，變十字手，含義為先以開勁解脫敵之按勁，再以合勁掤擊敵之胸部。

動作三：

接上動作，在我一開一合之際，敵人若以左手拿我左腕，我則以右手扣拿住敵左手，雙腕以右逆左順之合絞勁，拿擊敵之左手，同時以右肘橫擊敵之左臂反關節(圖100)。一旦敵手解脫，我則順勢迅速以右肘、右拳擊打敵之胸部、肋部。(圖101)

圖100　　　　　　　　　圖101

動作四：

當我雙臂被敵人拿住，我雙肘先向外掤捌（即臂開拳合之勢），進一步加大敵人雙手向裡合拿之勁（圖 102）；然後我迅速雙臂向左上引（即肘合拳開之勢）（圖 103）。

圖 102　　　　　　圖 103

圖 104　　　　　　圖 105

此動作的要領是先開肘，後進肘（以右肘進擊為主）。做單式練習即「開臂進肘法」。可以躍步發勁，可以震腳發勁，注意要做到手上升，腰下沉。

動作五：

身右轉螺旋下沉，即我右手採拿敵右（左）腕下沉，同時配合左肘的裡合勁，以左臂管住右肘反關節，向我身右側發放敵人。做單式練習即「左肘裡合右肘下採法」。（圖104）

動作六：

右臂上掤（逆）、再向左前走橫截勁（順），然後再走回勁（逆）。這一個動作的三種勁的運用非常之妙。接上動作，設敵人因我拿他右臂，身向我右側前傾，失重，落空，我順勢用右臂（腕背）向我右上反擊他的頭左側，或掤擊他的左肩、左背均可（圖105）。敵左肩若以下沉破我右臂的上掤勁，我右臂即再變順纏從他腋下向左橫擊其左肋（圖106）。若敵向我右側（他左側）抵抗我的橫勁，我順勢再變逆纏右拳走回勁，向我左側發放敵人（圖107）。因敵變化，一波三折，節節有招，可謂妙用。以上三個勁可以分作三個單式練習。

圖106

動作七：

敵人右手被我右手拿住，我力求使他右臂發直，趁勢我以扣左腳，裡合左肘、左膝，下邊破其重心，上部用左肘擊打他右臂反關節（即背折靠的姿勢，但用法截然不同，充分體現--式多用之奇）。（圖108）

圖107　　　　　　　圖108

第十八式　青龍出水

總述：

此式顧名思義，可以知道主要是鍛鍊如龍似蛇的腰勁。共走三個勁，圈、撩、橫，都是靠腰的旋轉力，一引一進、一化一打、左撩右擊，交替發放左右手（臂、肘）連環進攻之法。以腰為主宰，丹田帶動，發勁鬆活彈抖。並且體現每做一個動作都為下一個動作做好準備，兩個動作交替之間而且都有一個合勁，體現蓄而後發之勢。

動作一：

設敵在我右前方，以右手拿我右手腕，左手下按我右肘，目的是使我右手臂逆翻關節發直被制，將我按倒或斷我右肘。我即乘勢身向右轉螺旋下沉，同時右拳順纏外翻後略下沉變逆纏向己身右後側外掤出，將敵右臂引直，同時左拳由左腋下翻出，以拳背擊敵面部。或拳由身左側隨身右轉，以橫捌勁擊敵耳門、右臂肘，或身右側（圖104）。此式做單式練習，可以用左右拳交替打擊敵人左右太陽穴部位。

動作二：

設敵上右步以左拳向我胸部擊來，或以左臂肘手橫擊我面部，我即乘勢向左轉螺旋下沉，以避敵左拳擊、斬之勢，乘勢以左手由上向下翻裡折腕反拿敵左腕，同時右肩臂肘配合身左轉之勢，以肩臂肘拳使敵左臂肘受制，或以右拳向上橫擊敵人頭部。（圖109）

圖109

動作三：

接上動作，我身左轉以右肩臂肘掤敵左臂肘時，敵身向右轉螺旋下沉，雙手按我右臂肘，我即右臂肘先順纏引進（下沉），身突然向右轉螺旋下沉，此時右臂肘變順纏快速下沉收回，同時左拳變掌逆纏向敵胸部及襠部抖彈，

即左掌前撩。（圖
110）

動作四：

接上動作，繼左
手彈擊敵胸襠之勢，
敵失勢後退，我迅速
以右拳肘臂逆纏裡合
隨身左轉下沉由膝前
中線向敵腹部橫擊，
形成左右連擊。擊敵
時視與敵距離遠近，

圖 110

貼身用肘擊敵左胸腹部，稍遠用前臂外緣擊，再遠用拳擊。
敵如退步，可用進右步、跟左步擊敵。（圖 111）

圖 111

練第四個動作時，雙臂必須先有一個合勁，然後是爆
發開勁（右肘橫擊，左肘後稱，雙開勁），即「逢開必合」。

以上三個動作，都可以做單式練習。如上步左右拳圈擊敵上部；蹉步或雙腳騰空震腳發撩勁；還可以躍步、蹉步發右肘橫擊勁。可以左右前進後退，反覆練習。

第十九式　雙推掌

總述：

此式主要是對付右前方來敵。類似六封四閉，區別在於雙手向左掤攦敵人左臂時，下邊加右腿向左前方橫掃，上下配合使敵人失重。然後再提膝插襠。合肘推發敵人。

動作一、二：

接青龍出水最後動作，敵人從右前方上左步先以右手拿我右腕，配合左手施推按勁。我乘機身略右轉向上掤擠（欲左先右），類似六封四閉之前三個動作，然後左轉下沉，我左手拿住敵人左手，右手及右肘翻滾到敵人左臂外側，管住其肘，邊沉邊採，使敵人左臂僵直。然後身左轉，隨敵下沉之勢，我變攦，向左前（原位的左前）攦出，右腳配合橫掃其下盤，右手上托其肘，力爭將敵向我左前摔

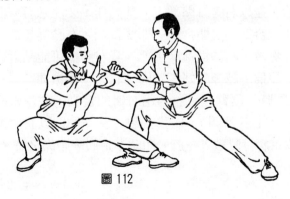

圖112

圖 113

圖 114

出。（圖 112～114）

動作三：

接上動作，將敵左臂肘上托擺起，可借左轉身之勢提右腳蹬敵左胯、膝等部，使其向後仰翻摔倒，或提右腿進步貼近敵左胯外，同時右肘挑起配合身左轉之勢，以肘挑擊敵左肋，並以右胯打擊敵人。此動作，要注意有一個上開下合和上合下開之開合勁，即雙臂開，右膝提起裡合擊其襠部。然後，右腳插進其襠部，我右胯盡可能貼近敵人胸腹部（腿插進越多越好，如同翹石頭，木槓插進越多越省力），同時，兩臂裡合肘，用肘彎的合勁，截擊敵抓我臂之雙手（上合下開）。如我在敵人左外側則以右肘擊其左肋。我右胯打擊敵人左胯。即貼身走肘擊胯靠之法。（圖 115、116）

圖 115　　　　　　　　圖 116

動作四：

設接上動作，我貼進敵身時，敵人乘機撤步欲逃走，我即乘勢雙臂由逆變順纏展開雙肱，以雙手擊敵胸肋等

圖 117

部。以腰胯右靠與雙手推按配合，將敵人放出。此時，左腳跟步，是為了配合向右前（原來位置的左前）整體發勁，也是立體螺旋擊打勁。如動作三、四，我右腿在敵左胯外側，配合雙手按勁，我可以用捧法，將敵向我左前

方摔出。(圖 117)

第二十式　三換掌

總述：

此式走小身法。主要運用採拿和橫挒、橫直交錯之勁，雙手（肘）連環擊打敵人之法。主要走手肘勁，同時也必須以腰腿勁相配合。讀者要特別注意，雙手變換之中有一個拿法和一個採肘勁，這是一般人容易忽略的地方。

動作一：

敵雙手將我雙肘合住，發按勁。我乘勢略右轉，雙肘下沉裡合，引化敵人的按勁，趁敵按勁落空之際，我迅速以左手穿掌，點擊敵之胸部、咽喉部，右手收回。這也叫邊引（右手）邊進（左手），形成第一個採挒絞截勁。(圖118)

此時，如敵人以左封或拿我進擊之左手，我隨即身略左轉，左手逆纏下沉，我此時可以反拿敵之左手，邊下沉邊裡合，使他左臂伸直。於是我右手變逆纏，先走採肘，擊打敵左臂反關節，此法，可以使敵人下跪，同

圖 118

時，我可以借機雙手合力抖發之，然後展開右臂出掌進擊敵之面部、胸部。即近了用肩肘，遠了用手，三節勁靈活運用。這也是用我的橫圈絞破敵人的直勁。（圖119）

圖119　　　　　　　　　　圖120

動作二：

接上，如敵再封拿我發出的右手，我再反拿其右手走左肘擊發（同上，左右相反，動作相同）。（圖120）

動作三：（同上。略）

此式做單式練習，主要以練習雙手、雙肘交錯發勁，並注意練習腰勁與手勁的配合與統一。

第二十一式　　肘底錘

總述：

此式又稱「葉底藏花」。利用兩臂開合勁，在左右絞化之中，乘勢以右拳擊打敵胸肋部或左肘與右拳合擊敵右

臂反關節。即身先左
轉，再右轉，再向前轉
左右合擊。

　此式雖然只一個動
作，但手法可以分三段
運用：

　第一段：接三換掌
，當我左掌擊打敵人面
部或胸部時，敵以左手
抓我左腕，以右手管我

圖 121

左肘。我乘敵勁未發之前，左手先向左下沉，右掌擊其左
肘、左肩、左頸以及頭部。或我右手插其左腋下，走挒 勁
。（圖 121）

圖 122　　　　　　　　圖 123

　第二段：如敵左臂失勢，揚起右手向我進擊，我乘勢

右手再拿其右手，走下採勁，以左肘與右手合擊其右臂反關節。（圖122）

第三段：敵不得勢若後撤，或上掤我左臂，我即乘勢略向左轉、左手托其左臂肘，以右拳擊其右肋部或右腋下。（圖123）

第二十二式　倒卷肱

總述：

此式係以退為進，退中有進，步退手擊。對方來勢凶猛，我先退讓，以瀉其勁，以觀其變。避其鋒芒，覓其空隙，乘虛進擊。

動作一：

起動係解脫，然後退左步進右肘，進手。接肘底錘，敵人

圖124

以左手抓住我上掤之左手。我左手先升後沉，先順後逆，邊沉左肘邊退步，同時右肘前卷下採，擊敵左肘反關節。退步之時展肱進右掌，擊其面部、胸部。（圖124、125）

或敵踢我腿，或以槍刺我中盤，我左手下採向左外開，走捌勁，掛開來力，同時右肘、右手擊其胸部。

以上動作一進行中，可以配合下盤前腿裡合，用撤退

之腳勾扣敵人之腿，形成上推下勾之摔法。（圖 126、127）

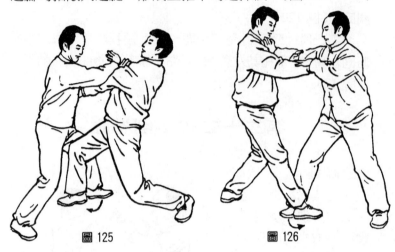

圖 125　　　　　　　　圖 126

動作二、三：

兩個動作，實質一開一合。

設一：敵人用右手（掌心對掌心）抓住我右手，向前下用力欲將我手指折斷，或使我手關節被反拿絞截失勢。我即身先向左（化去敵勁使其失控）開胸，先開後合，胸腰折疊，再向右轉含胸塌腰，乘機用左肘關節向敵胸部擊去，使其失勢受傷。

設二：敵用右手抓我左肘彎裡側，同時配合左手向我胸部擊來。我即乘勢身向左轉化去敵直勁，同時左臂肘、手向左後沉再向上翻，以逆、順、逆纏之勁，以左肘彎絞截敵右手腕，同時右手以捌勁和採勁分截敵左手臂，敵雙手臂被截採而分開失勢，我即乘勢以左手或左肘逆纏向敵胸、面部擊去。（圖 128）

圖 127　　　　　　　　　圖 128

　　動作二、三，在上盤開合的同時，配合下盤開合，可運用膝部的扣擊作用。

　　動作四：
與動作一相反相同，故省略。

　　動作五、六：
與動作二、三相反相同，亦省略。

　　動作七：
與動作一相同，與動作四相反相同。（圖 129）

　　倒卷肱雙腿交替退步，含有前踢、後踩、裡勾、橫蹬之功用。左腿管左半邊，右腿管右半邊，關鍵在於虛實清楚。重心的虛實搞清楚了，即使是處於敗退之勢，也可以保持自身穩定平衡。

　　倒卷肱動作二、三雖然僅僅是一個身法上的開合，但其用法很重要，不可忽視。雙臂肘的一開一合，可以運用雙肘彎的截勁（實質上是一種肘拿法）。另外，如果敵人

從身後抱我腰,我胸腰一開一合,同時我退步插襠,可以用雙肘後擊敵人胸肋部。故又稱此式為「倒穿心肘」。此外,利用雙臂大開大合走「神仙大脫衣」之法,可以把敵人摔到身前。所以,倒卷肱用法內涵豐富,讀者要細心體悟。其中邊退邊擊之法可做單式練習。

圖 129

第二十三式　退步壓肘

總述：

此式與倒卷肱之技擊含義略同,不同之處在退步之時加一個螺旋式的採肘,即左肘邊裡裹邊下採,而且緊接發一個左掌前擊。一下一上環環緊扣,使敵人防不勝防。故此式又稱「退步裹肘」。

動作一：

右臂先走一個開(掤)合(沉),這種練法很重要。此拳許多招式都是先走一個開合。如此動作:身向左轉下沉,右臂逆纏外開變順纏,有兩個含義:一是向右外開的掤勁;二是欲合先開、欲順先逆的身法運用,也是逆變順

纏，轉關合勁，準備發爆發力的過渡階段，這是發勁之前
必經的前提。這種身法運用既可迷惑敵人，使敵人判斷錯
誤，造成失誤，又可很好的為下面的合勁服務。這種「力」
的作用，開始要始於相反的方向，即從反面入手之術。

　　在體育運動中的擲鐵餅鉛球，要想擲的距離遠，那麼
開始時一定先向後坐甚至後退幾步，再向前衝幾步將其扔
出去。這是欲前先後，其道理與上述「欲合先開」「欲要
先給」的道理相同。

　　設敵人與我對面站立，以雙手抓住我雙臂，雙手用按
勁（直勁）欲將我推出摔倒。我即乘敵勁未發之前，身先
左轉下沉，同時右臂向敵左外斜線展開，同時左臂向左後
外下展開，將敵雙手按勁斜線分開，使敵勁散失勢，然後，
右臂以橫的挒勁向敵左肋部擊去，同時配合左臂向外分引
敵右手之勁，將敵擊傷或橫向摔出。如敵回撤，我雙手再
變一個相反的折疊勁，向敵右側擊打或摔出（即下列動作
二之含義）。

動作二：

　　當我身左
轉下沉、以右
手橫挒勁擊敵
肋部時，敵含
胸塌腰，身向
右轉下沉，右
手鬆開我左
臂，同時左手
借含胸右轉引

圖130

化我右臂橫擊之
勢，按住我右臂外
側向我右方推或按
出，並配合左手向
我胸部按勁，欲將
我推出摔倒在地。
我即乘勢用右臂肘
將敵勁向左引進使
其落空失勢，然後
身向右轉，右臂手
逆纏翻轉（遠了用
手，近了用肘）向

圖 131

敵身右側，或胸、肋、面部擊去，同時左手由左外下裡合
以挒勁向敵右臂、肋部擊去。（圖 130、131）

動作三：

圖 132

設敵人用左手
抓住我左腕，同時
右手拿住我左肘
部，左手順纏外翻
擰我手腕，配合右
手裡扣我左肘，欲
將我左臂拿直，以
制我反關節的背
勢，或欲斷我左肘
關節。我即乘敵左
手拿我左腕之時，

身先向左轉，開胸，再向右轉，沉肩墜肘裡合右轉勾腕截敵腕部，我以右手裡合拿住敵右手，左肘外翻螺旋下採，雙手肘合擊敵右肘反關節。（圖132）

動作四：

接上動作，敵人右肘被拿失勢下沉欲退，我迅速將左臂展開，出掌擊打敵胸部。右手配合左手走捌勁，從腋下收至胸部。退步可以勾掃敵人下肢，可運用摔法。頓步是為加大左掌之力。（圖133、134）

圖133　　　　　　　　　圖134

以上三、四動作聯合使用，躍步震腳發勁，可以用左肘將敵右肘關節採斷。練習中不可輕易使用。

第二十四式　中　盤

總述：

中盤一式是技擊含義較豐富的式子。它主要是接應我

前方之來敵。本著化打結合的原則,因敵變化而變換招式,
先是左引右發,然後是前發後攦,再向左前上中盤發,隨
敵下沉,我再雙手合力攻擊下盤中線,敵防我合力進擊,
我再橫向捌開。直破橫,橫破直,一開一合,一合一開,
千變萬化,此式用法甚多,充分體現「因敵變化示神奇」
的精神。

動作一:

接退步壓肘,
我擊出之左手被敵
人以左手拿住,敵
以左手拿我左腕,
右手管我左肘,欲
將我推擊發出,或
制拿我反關節,我
乘勢身左轉,左臂
肘順敵推按勁下沉
裡合,引化來力;

圖 135

同時,我右手迅速外開,用腕背、手背,撩擊敵人面部、
頸部右側,或右胸部(圖 135)。然後乘勢抓住敵人右手,
再走一個退步壓肘之動作四,右手裡合,反拿敵掤出之右
手,左肘下採,或擊其胸部,敵不得勢欲退,我再發左掌
前擊。(圖 134)

動作二:

接上動作,當我左肘擊敵胸部時,敵含胸塌腰引化,
我即乘勢以右手抓敵右手腕,同時左肘下沉以左手臂管敵
右肘關節,借勢身向右轉下沉變攦或採,將敵攦出摔倒。

（圖 136）

動作三：

接上例，如我攦敵右手臂時，敵坐腰後撤欲退步變勢。我即乘勢身向左轉螺旋上升，重心變左前，同時左臂肘略墜，前臂逆纏向前上翻轉裡勾腕，以手背或腕背向敵面部或胸部擊去，同時右手逆、順、逆纏，由右後經身右側向前上敵頭部擊去。同時右膝提起向敵下部撞擊，這樣上盤、中盤同時向敵進攻擊出。

讀者注意，此處有一個更重要的用法，即乘我向右下方走大攦敵人右臂時，敵欲後退，我拿住敵搭在右肘彎上之左手，我右手管其左肘，雙手合力拿其左肘反關節，向左上翻擊，下邊提右膝挑擊其襠部，其威力更大。（圖 137）

圖 136　　　圖 137

動作四：

接上例，我上盤、中盤同時向敵進擊，敵如後退並以雙手上掤封我雙臂時，我即乘勢雙手腕交叉合住勁，以左

順右逆纏略向前下沉向敵胸部、腹部擊去，同時右足下沉
向敵腳面踩跺，使敵受傷倒地。這是由上盤、中盤的進攻
變向敵中盤及下盤同時進攻。此時如用動作三之第二種用
法，可以向下走拿手採肘之法，用我右肘採擊敵左肘，敵
必下跪失勢。（圖138）

圖138　　　　　　　　　　　　圖139

動作五：

接上例，設敵人此時解脫雙手，上右步從我左側以雙
手向我左臂或肋部擊來，欲將我橫推出去摔倒在地。我即
乘勢重心變右，身向右轉螺旋下沉，雙臂肘右引，使敵勁
落空失勢。同時提左膝逆纏裡合以左腳跟向敵人右膝蹬
去。這是上引下進之法。（圖139）

動作六：

接上例，當我右引，使敵勁落空，同時左腿向左邊步
套住敵人右腿或插襠貼近敵身，先合蓄勢再開，以左肩向
敵人右肋部或胸擊去。敵如退步或仰身，我即用左肘向敵

圖 140　　　　　　　　圖 141

胸腹或肋部擊出，如距離遠則用左腕背向敵胸部或下頜擊
去。右手向右下沉展開，含義有二：一是左上右下的分勁，
是對稱勁，為了維持身體平衡。二是乘勢攦敵右手腕向右
前下分採，使敵失勢前俯或右斜，同時加強了左肩、肘、
腕等關節向敵擊
出爆發的開勁。
此時，我還可以
用左胸（開胸）
靠打敵人右臂反
關節。此謂胸靠
之法。（圖 140
～142）
　　此式的單式
練習，主要鍛鍊
以下四種單式練

圖 142

法：

一、左右交替一引一發。如動作一，左手逆引，右手順撩。左右交替發勁。重心左右調整。

二、先攌後反擊，肘、膝並用之法。如動作二、三合起來練，先右後下攌，緊接向左前發勁（兩種發勁含義兼顧）。

三、先開後合進擊法。雙手臂先向兩側掤開，再突然一合，雙掌合力向前下刺去擊敵襠、腹部。

四、先合後開挒法。如動作五、六合起來練，先將兩臂緊緊合住，突然斜向挒 開（動作六），鍛鍊太極拳的鬆活彈抖的崩炸勁。

第二十五式　白鶴亮翅

此式用法同前白鶴亮翅一式相同。但讀者要注意中盤與此式的連接動作（過渡動作）的技擊含義。即收腿時，重心右移一下，右手要向右外加一個向上、向外的掤勁，然後再走下採勁（走下弧），重心左移，收右腿。此時，收腿的含義包括扣擊對方插入我襠的腿，或提我右腿擊對方下盤。同時，右手走一個開合勁，含有先掤後引進、再回擊的用意。

第二十六式　斜　行

與前斜行同，略。（圖 143）

第二十七式 閃通背

總述：

閃通背一式，一般只知道其最後動作是一種摔法，但不清楚它還包括諸如磨盤肘、橫捌肘、下採肘等多種肘法，摔掌、拍掌、穿掌、撩掌、劈掌等多種掌法，以及前掃、後掃等若干掃腿法。讀者應從以下六個動作中細細品味。

圖 143

動作一：

接斜行。設敵人右腳在前，用雙掌向我胸部擊來，我即乘勢身向右轉合襠。同時雙手臂先掤化開來力，再將敵人雙臂、肘、手合住封住，為下動作橫擊做準備。或敵人用雙手抓住我雙肘臂裡側，欲上步分我雙臂用右肩靠我

圖 144

胸部，或推我雙肘，欲使我後仰跌倒。我即乘勢身向右轉，雙手臂向左右橫向展開，再相合，使其直勁或靠勁發不出來而失勢受制。（圖144）

動作二：

接上動作，設我以雙臂手於身右轉之際合封住敵人雙臂手，敵乘勢下沉欲化我雙臂肘橫向右的合勁，並乘機進右步用雙手肘向我胸、腹等部撞來，欲將我撞翻後仰。我即乘敵身下沉進步雙肘手勁未發之前，身向左轉，重心由左變偏右，同時左腳跟提起腳尖擦地向左右隨身轉退步，運用後掃腿法，同時左手管敵右臂，右臂管敵左臂逆纏隨身向左轉，以右肘向敵胸或身左側進擊。左右肘同時向左旋轉發勁，故稱為「磨盤肘」。（圖145、146）

圖 145　　　　　　　圖 146

動作三：

接上動作，我以右肘向敵人身左側或胸部擊去，走左

旋式的磨盤肘，敵如以雙手按我雙肘，以避我的肘擊勁。
我即身向右轉 45 度下沉，含胸塌腰，沉肩墜肘，鬆胯屈
膝，重心移偏左，雙臂肘手借勢以雙順纏快速合勁向前上
抖發引化，使敵制我右肘的勁落空，同時可以雙掌撩擊敵
面部。敵若避開我雙手合勁，我再乘勢身向左轉 45 度，
重心移右，雙手臂再橫向掤開，以右肘再向敵胸部進攻。
敵如退步我即以右掌向敵胸部擊去。

　　這動作練習時，一段的右轉雙臂手順纏合勁也是為了
二段的雙手逆纏開勁而準備。所謂欲左先右，欲開先合，
一開一合，隨屈就伸，順勢借力。（圖 147、148）

圖 147　　　　　　　　圖 148

動作四：

　　接上動作，當我右手肘向右掤化敵人按我之右臂肘
時，敵人加大推按我右手肘的力量。我突然向右轉身變招，
右手反拿敵右手腕，向前下沉用採勁，使敵來力落空。同
時，我乘右轉之機，左手由左向上再向右前下打敵面部或

右肘反關節，使敵處於背勢。（圖149、150）

圖149　　　　　　圖150

動作五：

　　接上動作，當我身右轉下沉，右臂下沉順纏引進或反拿敵右手腕使其落空，左手逆纏上翻由身左側向敵面部擊去。敵如抬左臂掤我左臂手，穿掌向我進攻。我即乘勢左手略橫以攦挒勁裡合下沉攦挒敵左臂手，同時提左膝向敵下部撞擊（遠了進左步）。同時右手順纏由腹前上經胸前向敵咽喉點擊。右手穿掌

圖151

與左膝擊襠同時並進。（圖 151～153）

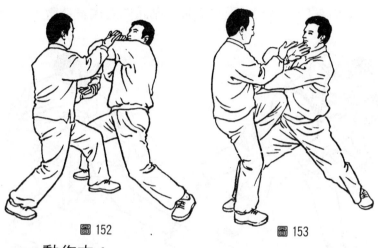

圖 152　　　　　　　　　　圖 153

動作六：

此動作通用之技是摔法。接動作五，當我右手接上刺擊敵面部、咽喉部時，敵人再出右手接我右手，我右手上

圖 154　　　　　　　　　　圖 155

引來力，左手下沉插入敵右腋下（圖 154），或再下沉插入其襠內（圖 155），進腿貼胯、貼肩向右後背摔敵人。

圖 156

圖 157

圖 158

圖 159

左手上挑、肩扛，把敵人摔過來，再下採左肘擊其背部或
右肘反關節。（圖 156、157）

　　第二種用法，是另一敵人欲從我背後摟腰施抱摔之法
。我即乘勢沉肩墜肘，含胸塌腰，鬆胯屈膝，身向右後旋
180 度。同時以右手或肘向敵頭部右側擊或劈去。左手臂
肘以順纏亦向敵身或背部或頭部劈去，使敵倒地。（圖 158
、159）

第二十八式　掩手肱錘

　　此式與前掩手肱錘之差別，僅在一個連接動作。接上
式，我向背後翻轉摔倒前面敵人之後，另一敵人上右步出
右拳擊我胸部，或用右腳向我下部進擊，我則下沉，雙手
順纏、裡勾腕，向兩側採挒來力（敵人的拳或腳），使其
來力落空。然後，我猛然騰空躍起，以上提左掌右拳合擊
其頭部，或雙
手腕交叉（絞
合）進擊其胸
部。或以左掌
為掩護，用右
拳從左腕臂之
下偷擊其胸部
。此謂「化下
擊上」之法。
跳躍時，還可
以提右膝撞擊

圖 160

其襠部，調整步法出左腳蹬踩其下盤，均可靈活運用（圖
160～162）。其他動作同前，略。

圖 161

圖 162

第二十九式　大六封四閉

總述：

陳式太極拳六封四閉有三種練法，一曰六封四閉（如前），二曰大六封四閉（此式），三曰小六封四閉（第七十六式）。大六封四閉之區別於其他兩種者，在於加上腿法。上攦下提膝，用膝。有云泰拳的技擊特徵，是用肘、用膝多。其實陳式太極拳用肘、用膝之法更多。諸如二十四肘、十六膝，是非常厲害的技擊法。

動作一：

接上式，我發掩手肱錘之後，敵人右腳在前，用右手拿住我右手腕，左手按或拿右肘，欲用左逆右順纏旋轉截拿，使我右臂關節旋轉受制。我即乘勢欲引先進右拳，先向前逆

圖 163

纏外掤，然後順纏下沉引進，使敵落空失勢。（圖 163、164
）

圖 164

動作二：

接上例，
敵勁落空失勢
，我乘機左手
逆纏抓住敵左
手腕變順纏，
向左前外翻轉
敵左手腕。同
時右手變逆纏
配合左手向右
前外壓敵左腕

圖 165

臂，雙手合拿敵腕臂，使敵左腕及臂外翻，關節受制，身向右歪斜，這時我右手配合左手的合勁向敵面部擊去或用右肘向敵胸部擊去。或繼續外翻敵左臂，同時右肘隨身左轉，由敵左肘臂外側下沉，拿住敵左臂，再向左轉截掛擊敵左肘臂。（圖 165）

動作三：

設敵人進左步，用左拳向我胸部擊來。我即乘勢身左轉，重心先右後左，左腿順纏外轉，腳掌外開踏實，同時右手順纏管住敵左肘部。左手逆纏刁住敵左腕向左

圖 166　　　　　　　　圖 167

外側上擺，使敵左拳勁落空上浮失勢。同時提右膝向敵襠部、左大腿或臀部撞擊。（圖 166）

動作四：

敵左臂被擺受制，欲退步逃跑。我乘勢用右腳向敵左胯或膝蹬去，使敵受傷摔倒在地。或進步插襠或套腿，用右肘尖向敵右肘部挑擊。（圖 167）

動作五：

技擊含義與前第四式六封四閉之動作六相同（圖168）。按拳式，此動作應為右腳插襠，如走胯靠，左腳應走後弧跟步，以助胯打之勁。

圖 168

第三十式　單　鞭

技擊方法與第五式單鞭同，略。

第三十一式　運　手

總述：

運手一式含三種腿法（蓋步、並步、插步），四個擊打方位，前後左右，變化靈活，且含多種手法和肘法。左

運手以對付左側
之來敵，右運手
系對付右側來
敵；後運手是一
種背步摔法。蓋
步是蹬擊敵人前
腿；插步（背步）
是為摔法做準
備；並步是後腿
跟步，加強整體
發勁的力量，幾

圖 169

種練法在整套拳路中可以交替鍛鍊。

動作一：

敵人從我身右側，以左手拿我右肘，右手拿我右手，
向我進攻。

圖 170

我乘勢身向左轉
下沉，重心偏左，以
腰為主宰帶動，右手
肘臂快速向左前上領
勁，引化來力（走上
攦式），使敵勁落空失
勢。這時敵回勁欲穩
定身體平衡，我乘勢
以右肘尖向右側後敵
面部、胸部擊去，或
貼身以右肩向敵胸部

靠擊，將敵靠出。同時我左腳變虛步並於右腳旁，可配合右膝裡扣跪敵插我襠內之腿。這也是一種欲右先左、欲左先右、左右連發之練法。(圖169、170)

動作二：

設我剛剛將身右側敵人擊傷摔出，這時身左側另一敵人進右步以雙手用按勁向我左臂肘擊來，欲將我推出摔倒在地。我即乘勢身向右轉，左臂肘手順纏裡合引進，使敵雙手按勁落空，同時左腿逆纏裡轉提腳，以腳跟向敵右膝蹬去。或準備以後腳套敵右腿，可隨時走摔法。此謂上引(或攦)下擊之勢。(圖 171)

動作三：

接上例，敵雙手按勁落空失勢，我利用左腳已插敵襠或套住敵右腳之有利形勢，重心由右變左，貼身用左肩向敵胸部、腹部等擊去，稍遠用

圖 171

左肘擊敵右肋部或胸、腹等部，再遠用左掌向敵面部、胸部擊去。如套住敵右腿則用上擊下跪(裡扣外翻)之勁擊、摔敵人。同時右腳變虛步並於左腳旁以助左腿之勁力。此時，如我左手掤起敵右臂，我右手可以向敵腹肋用橫切勁進擊。(圖 172、173)

動作三的另外一種技擊法是後插法，即右腳虛步邁在

圖 172　　　　　　　　　　圖 173

左腳後，以腳尖點地。這種步法在摔跤裡稱為背步（即左右後插步），為轉身摔敵之法。

　　這種摔法省力，卻效果大，主要靠腰部的螺旋力。例如：敵人與我成對面站立，右腳在前，雙手向我腋下插來，欲將我抱起摔之。我即乘敵雙臂剛插入我腋下，如敵右臂先到，且勁大，我則用左臂手順纏下沉合勁圈絞敵右肘臂，同時身向右轉下沉，重心偏左，右腳向左後插步（背步）快速向右後旋轉絞敵右肘臂，使敵右臂肘、肩關節受制，或將敵右肘絞斷，或使敵右臂肘受傷摔出跌倒在地；如敵左臂肘先到我右腋下肋部，我即身向左轉下沉，重心變右，左腳向右腳後邁步（插、背步），配合右臂肘手順纏下沉絞住敵左臂肘，使敵左肘斷或受傷摔出跌倒在地。這就是左右插步（背步）的運用方法。這種摔法，可做單式反覆練習。（圖 174、175）

再則，即蓋步用法。（圖 176）

圖 174　　　　　　　　　圖 175

動作四、五、六、七：
與動作二、三同，略。

第三十二式　高探馬

總述：

　　高探馬是一種上捌下掃的擊法。如敵人抓我雙臂肘，我先雙肘彎裡合，截斷其雙手抓我的勁，然後向左轉腰，右手前上推，左手後下採，分而捌之。並且邊捌邊擊（橫肘擊、掌擊）。同時隨腰左轉，左腳向左右橫掃敵人套在我左腿外緣之腿，上捌下掃，使敵摔出。這是高探馬的總的技擊含義。換一個情況，若我左手反拿住敵人進擊之左手，右手管住其左肘關節，再走這種胸、腰左旋轉的下掃上捌，也是一種很厲害的擊法。

動作一：

接運手最後動作，用法有二：

1.設敵人上左步用左拳向我胸、面部擊來，我即乘勢身向左轉下沉，同時左手逆纏上掤翻轉，掤化（向左外側）敵左臂之勁或抓住敵左腕掤�，使其勁落空失勢。同時左腳尖外轉著地，右腳跟步。同時右臂順纏下沉裡合以採捋勁向敵後腰部命門處擊去。

圖 176

2.設敵上右步用右拳向左耳門或胸部擊來，我即乘勢身向左轉下沉，同時左手由腹前中線逆纏上翻再向外引化敵右臂，使其勁落空。同時右手肘臂順纏下沉以採捋勁裡合，向敵肋部擊去。（與 170 圖相反相同）

動作二：

設敵雙手抓我右手肘，以推按進擊，我即乘勢右手肘向左前引化來力，同時右腿逆裡轉提起，以腳跟向敵右腿裡側或膝部蹬踩，近距離則用右膝向敵下部襠內撞擊；或向敵襠內插步，占取有利形勢；或將右腿套住敵左腿，準備用摔法擊敵。

動作三：

接上例，如我右腿進步插入敵襠內，貼近敵身則用後肩向敵胸或腹部靠擊，將敵靠出摔倒。如距離稍遠則用右肘尖向敵胸部、腹部擊出，使敵受傷。如敵退步則用右掌

心以捌勁向敵胸部或面部擊去，以求克敵制勝。

　　如我右腿進步套住敵左腿，乘敵腿未撤步之前，近身用右後肩靠敵左胸部或肋部，或用右肘向外橫擊敵心窩，或肘尖及手向右側下沉，配合右腿膝部裡扣（敵左腿腕）及上面肘手下沉外翻之勁將敵仰面向右摔倒在地。（動作二、三，見第十式前蹚。70～72 圖）

動作四：

　　接上例，如我右腿將敵左腿套住，將要用裡扣（膝）外翻（肩靠肘擊敵上胸、肋等部）摔敵時，敵身左轉下沉，卻提左腿撤步或退在我右腿外側，同時以兩手抓住我雙臂肘彎處，卻將我推出摔倒在地，我即乘勢運用身法，身向右轉下沉，以橫捌勁引化敵雙臂，一開一合，迅速雙肘上翻裡合截敵手腕，使其勁斷被截受制，並以肘擊肋部。同時兩膝裡扣，擊其根節。（圖 177）

圖 177

動作五：

　　接上例，使敵手腕被截疼痛，動作失靈，身體向左前傾，這時我如還不想放過敵人，將身向左轉，同時左手順纏，收回至腹前中線變微逆纏合住勁，同時我右手肘臂逆纏向敵人面部擊去。兼之左腿順纏外轉，以腳尖劃外弧向

左後掃，身左轉退左腳
既可加強右手擊敵胸、
面等部的開勁，同時又
可以掃擊敵人套在我左
腿外側之腿，以取得打
擊敵人的更大效果。（
圖178）

圖178

這種右上捯左下掃
的擊法，可做單式練
習，左右可以交替鍛
鍊。

第三十三式　右擦腳

總述：

右擦腳和左擦腳技擊含義相同。其技擊作用，也容易
理解。即驚上取下之法。以上掤（引、驚）之手掩飾下盤
進擊之腳。但往往易被人忽視的是發踢勁之前的過渡動作
的含義。讀者要注意雙手的上掤（拿法）和小盤跪膝之法
的相互配合，上下相隨，上下合力。

動作一：

接高探馬，我右側之敵出左步插入我襠內，並以右手
抓我右腕，左手按我右肘向我發推按之勁。我即乘勢身向
左轉螺旋下沉，重心變偏右，同時右臂手順纏向左前外方
引進，使敵雙手勁落空失勢。

動作二：

接上例，敵雙手按勁落空，我即乘勢身右轉下沉，重心變偏左，同時左手逆纏出手抓住敵左手腕順纏外轉擰其手腕，使敵身向右傾斜失勢。同時我右手逆纏旋轉收回，並以右肘（身左轉）貼敵左肘上繞圈下沉，以右肘掛敵右腕肘部，使敵被動。

或我身向右轉下沉，重心變偏左，同時左手逆纏出手抓住敵右手腕順纏外轉，使敵身向右傾斜失勢，同時我右手逆纏收回並以右肘配合左手及肘部，以雙逆纏向敵胸部或下頦用掤擠勁發出，使敵胸部或下頦被擊受傷。

動作三：

接動作二，敵人在我右側變招出左步，用左拳向我耳門或胸部擊來。

我即乘勢身向左轉，重心變偏右，同時我左手勾腕刁住敵左手腕，以右手肘部封住敵左肘部順勢以左逆右順纏向外側略上攦出，使敵勁落空失勢。

（以上動作一、二、三，可參考22～29圖）

動作四：

接上例，敵人被攦，左拳擊我之勁落空，欲含胸塌腰收勢以維持身體平衡，再變其他手法進攻。

我即乘敵人含胸塌腰維持身體平衡之機，身繼續略向左轉，重心變右前，同時右手臂略順纏向前，略上托掤敵左臂肘，然後下沉裡合，使其落空；同時我左手逆纏上翻向前上方的敵人面部擊去，同時我左腳提起順纏外轉以腳跟向敵左膝、迎面骨踩擊，這樣上下同時擊敵，致其敗。（圖179）

動作五：

　　接上例，設我左手及左腳同時向敵擊去，敵如欲撤步後退，避我打擊，再變其他手法攻我。

圖 179　　　　　　　　　圖 180

　　我即乘勢將左腳落在右腳前方，扣步變實，腰襠下沉，同時左手合於敵左腕肘部，以雙手逆纏挪敵左臂肘部，同時以右肘部向敵左臂肘擊去，使敵左臂肘被擊向我左外摔出。此時，如敵人插進我襠之腿未撤出時，

圖 181

我右膝可以跪擊敵之膝部。（圖 180）

動作六：

接上例，敵如抽身撤左步同時將臂收回，欲避我右肘橫擊之勁。我即乘勢身繼續略向左轉，重心在左，同時右腳逆纏提起，近距離即用右膝向敵下部撞擊，使敵受傷。如距離稍遠則用右腳向敵胸部、腹部或襠內踢去，同時我雙手逆纏由上向前後分開，以右手向敵面部撲擊，左手分開維持身體平衡。使敵上盤及中下盤同時受擊。此乃上下（手腳）相合的用法，也是驚上取下之擊法。（圖 181）

第三十四式　左擦腳

總述：

此式與右擦腳用法基本相同，但要注意連接處有一個開合。右擦腳完結後雙手逆纏，左轉開胸，再向右前上方

圖 182　　　　　圖 183

順纏合。開的目的是再加大掤勁，以便借對方之反抗力，雙手合力向他頭部撩擊。開是為了合，左轉是為了右發。

動作一：

接前式動作六，設我右腳向敵人腹部踢去，敵人撤右腳後退一步，以避我右腳踢擊之勢。

我乘勢微向左再向右轉下沉，以右腳跟著地套住敵人左腳腕，同時雙臂手先逆開變順合，向敵頭部撩擊，或向敵胸肋合擊。（圖 182、183）

動作二：

接上例，敵左腳腕被我套住，由於我雙手開合相錯使敵身右轉後仰處於背勢，我即乘勢身向右轉下沉，重心變右。同時我右腿逆纏裡轉以膝蓋絞壓敵左腿迎面骨，敵迎面骨被絞跪必

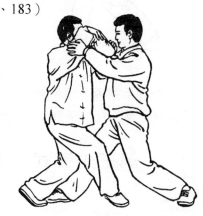

圖 184

至疼痛站立不穩，同時我左臂肘以橫挒勁向敵右胸部擊去。這樣上下兩盤同時進攻，使敵倒地；或用手按敵人右肘彎及胸部，配合下盤雙腿的套及膝的絞跪下壓使敵後仰失勢。（圖 184）

動作三：

設我右腳套敵左腿腳腕時，敵提腿撤步，避我跪壓之勢，我即乘勢重心變右，左腿逆纏裡轉，提膝向敵襠及腹部撞擊，如距離稍遠，則用左腿向敵襠內及腹部、胸部踢

圖 185

擊。同時雙臂手逆纏上掤左前右後分開，用左手向敵面部擊去。這樣上擊下踢同時進攻，使敵難於防備。（圖 185）

第三十五式　左蹬腳

總述：

左蹬腳，又名左蹬一根。按文字含義，主要係以腳踵蹬擊敵人。但讀者須注意，此式決不單單是發蹬一腳的功能，它還包含引化、肩靠、肘擊等攻擊方法。

動作一：

接上式左擦腳之後，敵人抓我伸出之左手。我迅速以左手反拿敵左手腕，順纏下沉，略左轉，再右轉，將其左臂引直，右手迅速沉肩墜肘向敵左肘之反關節猛推擊，趁身體左轉之勢，以我左右手之分挒勁向我左前之敵發出。此動作類似高探馬式中最後的動作，不同者，屆時我左膝

懸起，乘轉體之勢，用膝擺擊敵人之襠、腹部，或以左腳
踢擊。（圖 186）

圖 186　　　　　　　圖 187

動作二：

當我用挒勁擊倒
身右前方敵人之後，
我身左側另一敵人向
我左臂肘施按勁，我
迅速身右轉下沉，收
回左臂手，引化來
力，沉手於腹前，雙
手順纏裡合，蓄勁待
發。同時，還可以借
左轉腰之勁，以左膝
擺擊左側之敵。（圖

圖 188

187）

動作三：

　　左側敵人推按之力落空，我乘敵人身體前傾之機，迅速雙手握拳，逆纏掤起，用左肘猛擊其頭部、胸部。如敵身體貼近我身還可以走左肩靠，左腳撞擊。如敵人欲退，我立即雙拳分開，以左拳擊敵上盤，以左腳踵橫蹬敵之膝

圖 189

部、肋部、腰部，上下合擊，以挫敗左側之敵。右拳向右展開，是為了維持身體平衡。（圖 188、189）

第三十六式　第三前蹚拗步

　　同前，略。

第三十七式　擊地錘

總述：

擊地錘的技擊含義，在《陳氏太極拳體用全書》中，只講了當左蹬腳將敵人蹬倒之後，乘敵失勢未變招之前，我用右拳向摔倒之敵頭部、耳門、胸部或背部猛擊（下採式）。其實此式還包含多種用途。

動作一、二：

同前面前蹚拗步接第二斜行之動作和用法。

動作三：

敵人從我左側進右拳擊來，我順勢借力，用攦法，雙手抓握敵人擊來之臂，向右前上發攦勁，使敵人來力落空。（圖 190）

動作四：

敵人變招，雙手猛抓我雙臂肘，我雙拳利用絞捌勁，左拳逆纏，裡折腕，外掤肘，提起，右拳插下，右肘向敵人胸部、腹部掤擊；同時用右肘彎裡側夾截敵人抓我之手。左拳裡下折腕，將敵人左臂掤起，正便於右拳、右肘向敵中盤進

圖 190

圖 191

擊。再近敵身，我右臂向右下採，左臂向左上挑，又是一種摔法。這種左右一上一下絞截勁，在推手中運用起來，也很有效。此動作可做單式練習發勁。（圖 191、192）

圖 192

第三十八式　翻身二起腳

總述：

擊地錘、翻身二起腳、護心拳、旋風腳四式，是對付

前後左右四面之敵的技擊組合。上式擊地錘擊倒前面之
敵，身後又有敵人雙掌擊我後心，我迅速轉身 180 度，以
肩靠、肘擊、拳捌，接應身後之敵。將身後之敵擊倒之後，
身左側之敵進攻，我再走護心拳式。之後，旋風腳再對付
身右側之敵，對付四面八方、上下左右之敵，全面鍛鍊，
此四式安排極為精妙。下面先對二起腳的技擊含義作具體
分析。

動作一：

接擊地錘，我剛以拗步進身用右拳下擊倒地之敵，這
時另一個敵人從我後方進步用雙掌向我後心用按勁，欲將
我擊傷或推倒（圖 193）。我即乘勢身向右後轉 180 度。

圖 193

同時右拳逆纏上提先挑肘向上擊，再以臂肘拳橫擊身後敵
之右臂，使敵直勁被截，身向左失勢。同時左拳逆纏向左
下沉變順纏上翻，以左肘裡側或拳橫截敵身右側。（圖 194）

動作二：

我身右後轉，敵右臂按勁被截之後，改抓我左手，或

雙手抓我兩臂。我
乘勢略下沉，身向
右轉，開右胸，右
拳向右後上升，左
拳順敵採勁向前中
線下沉，引化敵左
臂，同時我左拳向
其腹部、襠部採擊
使其失重前傾，我
上肢走雙開，左下
右上斜向挒勁。（
圖 195）

圖 194

圖 195

動作三：

　　設敵撤步坐
腰，我即乘勢變
重心為右前，我
左手再向前下變
左後（即敵人的
前下）引化和採
擊，乘敵前傾之
際，我左腳乘機
向敵襠、胸等部
踢去，敵如坐腰
欲避開，我右腿
即乘勢蹬地騰空
躍起，向敵胸部或下頦踢去。（圖 196、197）

上述動作三，還有以下含義：

1.左右手上揚，既可擊打敵面部，也可以為腿腳做掩護，為驚上取下之術。

圖 196

2.左腳先踢，也可以是虛發，引化對方注意我左腳，實則我已迅速起右腳點擊其胸部、肋部。此為左引右擊之術。

圖 197

3.如敵走下勢橫掃我的下盤腿部，我雙腳騰空，既避其掃蹚腿，又可乘勢踢其上盤、中盤。這叫避下擊上之法。

動作二之右後挑肘、捌肘，以及上驚下踢之法，都可以做單式鍛鍊。

第三十九式　護心錘（獸頭式）

總述：

護心錘，又稱獸頭式、打虎式。此式為接二起腳之後，接應左前方之來敵。先以雙手向右引化左側敵人擊我之右臂，當敵人落空，我順勢再打回勁，反擊左側之敵，敵抓我雙臂，我先挪後合，再走左右裡合肘的絞擊法。

動作一：

接上式，設我以二起腳將面前敵人踢倒在地，這時另一敵人由我身左側用雙手施按勁向我身左側擊來，欲將我擊傷或推倒。我即乘勢身下沉，雙手上挪接應來力，走上攞式，

圖 198

使敵雙手推按之力落空失勢。同時，我提左腳向敵人下盤
蹬去。或蹬擊、或套腿、或插襠，為下一動作做準備。這
叫上引下進、上引下擊之法。（圖 198）

動作二：

我身左側敵人雙手勁被我雙臂手掤攞引化落空失勢。
當敵人失勢回撤之時，我乘機迅速隨其回勁（借其回勁）
雙手擊他胸、肋部。這叫速打回勁。右腳跟步是為形成向
左擊敵人的整體力。以擊身左側之敵。此動作與上動作聯
合起來運用，也是一種欲左先右、欲右先左的折疊勁。（參
考圖 172）

動作三：

敵人調整重心穩定之後，又以雙手抓我兩臂肘彎，欲
用力將我推出。我乘勢先以外掤勁，走挒勁，將敵人進攻
之直勁化開（也是再想多借用一點敵人的推按勁），然後
猛然由外開肘，變裡合肘，以右肘向敵人胸部擊去（類似
庇身錘動作四之用法）。同時，我右腿向右外敵膝部蹬擊，
形成一個上擊其胸、下蹬其膝的摔法。或我右腿插入敵人
襠部，為下一動作做準備。（圖 199）

動作四、五：

連起來做，是一種雙臂絞截之法。其中包含兩種打法。

1.如我雙臂仍在敵人雙臂內部，即採取我右臂向右下
掤化敵左臂，進我左臂肘擊打敵人胸部，然後敵人以右手
防我左肘，我左肘向左下走採挒勁，進我右肘擊敵胸部、
頭部。（圖 200、201）

2.如我雙手在敵人雙臂外環，敵人先以右拳擊來，我
雙手先制敵右臂反關節，向右下採挒，以我左肘擊其右肘

圖199　　　　　　　　　圖200

圖201

反關節。如敵再以左拳擊來，我再以雙手拿他左臂反關節以我右肘擊之。此謂雙臂絞截之法。根據身法之高低，擊打敵的部位可以隨機應變，擊其肘、擊其胸、擊其頭部均可。最後，雙拳合勁（右拳走上弧向前下，左拳走下弧向裡上），是一種雙手合絞法。（圖202、203）

　　作為單式練習，此式中包括：左摝右蹬、右摝左蹬、引臂（直）進肘，左右肘練習絞勁，其中又包括立肘絞擊法、橫肘絞擊法。

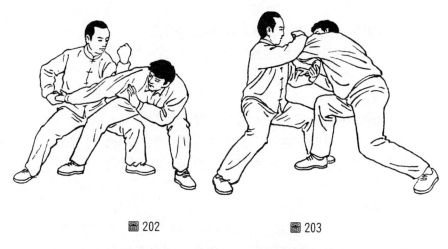

圖 202　　　　　　　　圖 203

第四十式　　旋風腳

總述：

旋風腳，是一種摔法。陳式太極拳技擊法中有多種摔法。其中最通用的四種，一是手外捌，腳裡合，上下形成一種剪刀勁，把對方摔倒；另一種是手裡合，腳外擺，上下形成一種絞勁，將對方摔倒；第三種是左手外捌，右腳外擺，上下形成一種剪刀勁，將敵人摔出；第四種是手腳都向一個方向摔。或前掃、或後掃。第一種如此式。第二如雙擺蓮（其中左手外捌，右手裡合）。第三種如十字擺蓮。第四種如雙推掌、閃通背以及二路拳中的掃蹚腿等等。前兩種，陳家溝人俗稱「小鬼推磨」，含義為如同農村磨米麵用的石磨，上下兩扇，一個正轉，一個反轉（或原地不動），上下形成一種反向絞磨勁，有些拳式（如此

式）外擺或裡合之腿提得較高，其實在運用中，可高可低，甚至腳不離地，運用裡勾（或外開）與手臂配合，也可以發揮這種摔法的功能。原來陳氏家傳的推手（或叫擖手、打手）一向都是手腳並用，謂之「上下相隨人難近」。不過只是不準用腳蹬踢就是了。

動作一：

敵人從前面進右步，用右拳向我胸部擊來。我即乘勢身微左轉，再向右轉，下沉，以右手接他右手腕，以左手管他右肘關節，先向左側接應，再向右側走攦勁，將敵攦出。（圖 198）

動作二：

敵人被攦，他又順我的勁身向左轉下沉，化去我的勁。同時以左掌向我胸部擊來。我乘勢，以左手接其左手，右手即變管他左肘，右腿逆纏提膝，以右膝向敵人左膝、胯

圖 204　　　　　　圖 205

或襠內撞擊。當我左手抓敵左腕外側向左外上捋時，使敵左肋部出現空擋，此時我右手也可以向敵左肋部橫擊，手腳同時向敵進攻。（圖204）

動作三：

設敵見我右手及右膝同時進攻，急退左步，同時翻身左轉，欲避開我右手及右膝的進攻。

我即乘勢身略向右轉下沉，右腿順纏外轉以右腳踵向敵襠內或右膝踩擊。同時左手由左側逆變順纏向敵右耳門擊去。右手順纏在前上領住勁，向敵面部點擊。使敵上下盤都受到打擊。（即上盤雙手瞬間一開一合，下盤蹬出右腳之勢。類似圖179，只是左右腳相反）

動作四：

設敵人見我上下盤同時進攻，略退右腳，含胸塌腰下沉，避開我手腳上下進攻之勢，並乘機以右拳向我左耳門擊來，欲將我擊傷。我即乘勢身右轉下沉，重心變右前，使敵勁落空，同時右手由順變逆纏管住敵右腕或右肘外側，左手逆纏管住敵右肩或右肘外側加外掤勁，同時我左肘向敵右肘或肋、

圖206

肩部擊去，使敵向我身右後摔出。這是我貼進敵身右側的進攻。（圖205、206）

動作五：

設我以拗步貼近敵身右側，以左肘向敵右肋、肘部或右肩進攻時，敵左腳橫跨一步，與我距離稍遠，化去我左肘進擊之勁。

我即乘勢身向右轉略上升，左腿逆纏裡合提起，以左腳向敵右肋或後心踢去，同時雙手逆纏分向兩旁展開，左手以橫挒勁向敵面部、咽喉擊去，或向其胸部橫擊。（圖207、208）

圖 207　　　　　　　圖 208

動作六：

接上動作，發左蹬腳之後，若我仍不放過敵人，左腳迅速裡合，勾擊敵人右腿或身右側，左手繼續走外挒勁，上下形成對絞勁（剪刀勁），身轉 180 度，可將敵人摔出。身轉過來，雙手開合，交叉於胸前，又含有對付身後之敵的含義。

第四十一式　右蹬腳

總述：

接上式，旋風腳轉身 180 度，以十字手定勢。此時，右側之敵向我進攻，我先引化，後進擊，上走右肩靠、右肘擊、右拳打，下走左膝撞、右腳蹬。與左蹬腳動作、技擊含義均相同。只是方位相反。

動作一：

設敵人從右前方用雙掌向我胸部按來，欲將我擊傷或推倒。我交叉之雙手逆纏向下分採，使敵雙手按勁落空失勢。

動作二：

接上動作，敵雙臂手被我雙手分採勁落空失勢變招，

圖 209　　　　　　　　圖 210

又從我身右側進右步用左腳向我右腰胯蹬來。我即乘勢身向左轉下沉再上升，右腿逆纏，腳跟提起，離地向左併步收回，同時雙手由雙逆纏變雙順纏合，先化掉來力，準備還擊。（與左蹬腳圖相反相同）

動作三：

接上動作，敵左腳蹬我落空，身體前傾，我即乘勢身向左轉下沉再略上升，右腿逆纏裡轉用右腳跟向敵腰胯蹬去。同時雙手變拳由雙順變雙逆纏向兩旁掤出，先用肘、後用拳將敵臂掤出，這叫上掤下擊。（圖 209、210）

第四十二式　海底翻花

總述：

海底翻花一式，係向右側敵人發放的一種採挒勁，同時，又是右膝向右後發放的擺膝擊法。此式既可以打，又可以摔。其發勁與二路之煞腰壓肘拳類似，不同者此式係一腿獨立，一腿（膝）發力，後者是雙腿躍步發勁。練習此式，讀者一定要注意一個「底」字，和一個「翻」字，其意即在於雙臂先下沉、腰下塌，當向右轉時，突然，兩手、肘上翻，右肘走一個上弧、左肘走一個下弧，再上兜。雙臂翻上來，形成一雙順的向右外挒勁，加上右膝的外擺撞擊之勁，上下合力把右後側之敵摔出或擊倒，是完全可能的。

動作一：

接上式，敵被我右腳蹬傷跌倒在地，我雙拳及右腳同時收回下沉於腹前，此是蓄勢，以防敵人再犯。

動作二：

接上動作，這時另一敵人乘我左腿單腳著地之機，從我身後側進左步，雙掌向我按來，或抓我雙臂，欲將我推出。我即乘勢向右轉，左腿逆纏，腳向裡轉，右膝上提護襠，邊用右膝外擺撞擊敵之腹部、胯部。同時右拳由腹前逆纏上翻經胸前變順纏再向右外下沉向敵胸、

圖 211

肋，或向敵人踢我之腿走下採勁截擊。同時我左拳以逆順纏經身左側先下沉再上翻至左耳左側，以保持身體平衡穩定，或翻上來絞截敵右臂，與我右手配合，運用摔法。此式在推手中運用雙臂挒採勁，非常有效（圖211～213）。

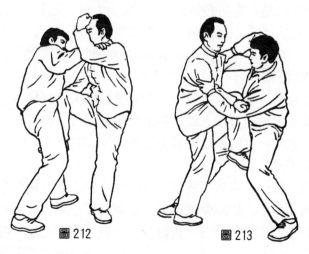

圖212　　　　　　　圖213

此式可做單式（左、右轉身）練習，一合一開，一蓄一發。

第四十三式　掩手肱錘

同前，略。

第四十四式　小擒打

總述：

顧名思義，此式係先拿後發（打）應敵之法。此式用法類似第十五式十字手。不同之處，即十字手是拿住敵人肘腕之後，向我身右側發之；此式則是擒拿住敵人肘腕之後，向左前發之。

動作一：

接掩手肱錘，雙臂斜向掤開，一含有背靠身右後側之敵之意；二是對應前面敵人，有「欲合（拿）先開」之意。

設敵人上右步用右拳向我胸部或面部擊來。我即乘勢身略向右轉，右拳變掌逆纏翻轉由敵右肘外側掤敵手腕外側，順纏撑敵手腕，使其成為背勢。同時左手逆纏敵右肘，與右手合勁。敵如要後退，我即乘勢左腳尖外轉變實，右腳乘機跟步近敵身以下踩勁擊敵右腿迎面骨，使其右臂被制不得逃脫。下盤右腿受傷或受制。（圖214、215）

動作二：

接上動作，設敵人避我右腳向其下踩之勁，同時想用右肩靠及左手合勁靠擊我胸部，欲將我靠出摔倒。我即乘勢右腳先上步外轉變實，走敵身右外側，同時逆纏外掤將

圖214　　　　　　　　圖215

敵右腕攦出。同時左手及肘部逆掤敵右臂肘，使敵不能貼近我身，這時我或將敵攦出摔倒，或以左肘擊敵右肘、右肋等部。（圖216）

動作三：

接上動作，敵右臂被制，欲靠不能進，如下沉退右腳，欲解其右臂肘手之圍。我即乘勢，身繼續右轉，左腳提起，向左前邁步，同時右手繼續加強掤勁。同時左手逆纏由右

圖216

肘彎外向左前下沉向敵胸肋部砍擊。（圖217）

動作四：

接上動作，敵見我左掌向其胸部擊來，一面含胸塌腰

圖 217

避我左掌，同時右手（拳）再向我進擊，我即乘勢身略向右轉下沉，重心由右後略向前移，再略偏右後，同時我左手以順纏上翻，接著再與右手合勁，將敵右手肘向我身右側攦開，（提左手時，左臂用

圖 218

滾法）。使其胸腹等部露出空間。同時我右臂手以順逆纏下沉合於右胸下，準備進攻。（圖 218）

動作五：

接上動作，我左手與右手合力將敵右肘手絞拿住，乘勢身略向左轉下沉，加拿勁，再重心偏左前，發放敵人。

雙手也可以向敵胸腹等部推擊。(圖219)

圖219

第四十五式　抱頭推山

總述：

此式係先順勢借力迎擊前面之敵，再右後轉身對付身後之敵。抱頭推山，是以我轉身之後雙手上翻合肘、挑肘，再推擊前方之敵的象形命名。此式用法之中，讀者要特別注意其順勢借力之法。特別是動作一，充分體現了「以其人之力還擊其人之身」的技法和勁走三節的技法。

動作一：

接上式，當我用雙掌順勢推擊敵人胸部時，敵人雙手用力按我雙肘。我借用敵人對我肘的推按勁，雙肘裡合，而梢節捌開，即肘合手開。此時正好我左臂借敵人按我中節之勁，反射到我左拳之開勁上，左肘裡合，左拳順纏反

圖 220

擊其右胸部、或
面部右側。此時
，敵人必然掤我
左拳，而放鬆了
掤我右拳之勁，
好，我又借敵人
此掤勁，右拳迅
速乘勢收回，右
拳再反擊其左肋
部。雙臂一開一

合，都是借用敵人
之力。此動作，還
體現了陳式太極拳
勁走三節的技擊法
。即《孫子兵法》
所云：擊首尾相應
，擊尾首相應，擊
中首尾相應。此動
作就是敵人按擊我
手臂的中節，我即

圖 221

迅速用梢節打他。他掤我左臂梢節，我又以右臂梢節打他
。發右拳時，又體現了左引右進（擊）之術。「左實則左
虛，而右已去。」充分體現太極拳化打結合之優勢。（圖
220～222）

　　動作二：

　　我剛把前面之敵擊倒，又有敵人從右後摟我後腰，欲

將我摔倒，我先向左前鬆沉，使敵人身前傾，我再向右後翻身用右肩、肘、拳迎擊敵人。右腿後掃，還可以掃擊敵人前邊之腿腳。第二種假設：敵人在我身後上

圖222

左腳，用雙掌施按勁向我後心及腰部擊來，欲將我擊傷跌倒。我即乘勢身快速地先略向左轉下沉再向右後轉 180 度，同時用雙肘、雙拳以橫捌勁截擊敵右臂肘，使敵雙手臂直按勁被橫截失勢落空。（圖 223、224）

圖 223　　　　　圖 224

動作三：

設敵雙手臂的按勁被截落空。敵人變換手法，雙手又抓我雙臂肘，繼續對我施推按勁。我即乘機身向左轉下沉，同時雙拳變掌先交叉向前上雙順纏引勁，這是欲開先合，再變雙逆纏分向右前及左後將敵兩臂肘向兩旁掤開，使敵人胸部露出空間，以便於我進攻。（圖225）

圖 225

動作四：

接上動作，敵人雙手臂被我雙臂分向右前及左後掤開失勢，胸部完全暴露出來。我即乘勢身向左轉再向右轉下

圖 226　　　　　　　圖 227

沉，沉肩墜肘，含胸塌腰，鬆胯屈膝，左腿右腿先後騰起向右前左腳先跨一步，右腳再邁一大步插入敵人襠部。同時雙手臂逆纏裡轉外翻上挑肘掤敵雙臂肘，使敵胸部、兩肋空間完全暴露出來，此時，如距離敵人很近，可用雙肘向敵兩肋部挑擊；如果距離敵人稍遠，雙臂手同時快速順纏下沉至胸前乘勢向右前敵人胸、腹等部用周身之力推擊。（圖 226、227）

讀者注意，當我雙臂掤開變挑肘時，肘彎裡側要用力夾擊敵人抓我雙臂之手，此謂肘拿之法。

類似動作四這種練法，如做單式練習，除了鍛鍊這種一開一合、一引一進的手法步法之外，還要注意意念力的鍛鍊。在發推擊力量之時，要加上一種意念，如同我周身有一種推倒一座大山的巨大力量。這種意念力久而久之的練習，不斷調動人體潛在功能，可以產生估量不到的威力。

第四十六式　第二三換掌

總述：

此式與第一個三換掌手法基本相同，只是步法不同。第一個三換掌重點鍛鍊手、肘、腰的力量，圈較小。此式因為雙腳邁開為馬步樁，更強調鍛鍊腿部的力量。並且要求體現出兩腳交替蹬地的反作用力要反射到發勁的手上去。當然，仍要注意腰為樞紐，增強腰襠功力。

動作一：

設對方在我右前方雙手用按勁按我雙肘及腕部，或用雙手抓住我雙腕部用按勁向前上步，欲將我推出跌倒。我

圖 228

即乘勢身先向右轉，重心偏左後，左腿逆纏裡轉；右腿順纏外轉，膝裡扣合住襠。同時雙手順纏旋轉外翻，右臂手裡合引化對方左手的按勁，使其勁偏於隅角。同時左手由右手下乘機向對方腹部或胸部擊去；對方如含胸塌腰後坐，化我左手進攻之勁，我即乘勢身向左轉下沉，重心向右前移，我左手略逆纏下沉收回，右手逆纏裡轉向前擊對方的胸部。距離近用肘擊，距離遠則用手擊。（圖 228、229）

動作二：

接上動作，設對方見我右肘或右手向其胸、腹等部擊來，身向右轉，用左手臂截化我右臂肘手進攻之勁。

我即乘勢身略向左轉，再向右轉螺旋下沉，重心先右再偏左。同時，

圖 229

右手由逆纏變順纏裡合收回至左肘下；左手由逆變順纏向前上翻，向對方面部擊去。（圖 230）

圖 230

動作三：

接上動作，設對方見我左手向其面部擊來，身右轉，退右步變為順步，化我進攻之勁；同時左手逆纏翻手抓住我左手背，右手乘機抓住我左腕，向下施採勁，截拿我左手腕，使我受傷或失去反攻能力。

我即乘勢身快速略向左轉下沉，重心偏右前。左手乘對方雙手採拿我左腕之機，以腰勁帶動左手快速順纏勾腕旋轉，用腕背向對方面部或胸部擊出；同時我右手逆纏裡轉，向左肘下前上翻，同時向對方面部擊去。對方如右轉退步避我向其胸、面部擊出之勁，我即乘勢身

圖 231

圖 232

左轉以左手牽對方左手；同時右肘手向對方左耳門或身左側以挒勁擊出，或者，以我左手反拿其左手，以右手拿其左肘，合力拿其肘腕關節，使其失勢。（圖 231、232）

技擊含義還有一種活步的練習及實用方法，即：

動作一：

設對方從我右前方以雙手按或抓住我雙腕及肘部，右腳向前上一大步，用猛力欲將我推出。

我即乘勢身右轉，重心在左後，雙手順纏左前右後，以右手引進、左手乘機向對方腹部擊去。同時我右腿順纏裡合提起可向對方下盤踢擊，如對方含胸塌腰，右腿後撤一步，避我左手及右腳進攻之勁。我即乘勢雙手逆纏左後、右前上相錯，右手向對方胸部擊去。同時右腳逆纏向右前上一步著地，以加強右手向對方胸部發勁的威力。

動作二：

動作及技擊含義同上動作二。區別在於身向右轉時，重心在右後，左腳順纏提起向右前跟步，以加強左肘及手向對方面部及胸部進擊的力量。

動作三：

動作及技擊含義與上動作三相同。區別在於練習及技擊實用上是雙腳跳起向右前下沉著地，以腰為主宰，動作練習及實用上速度更快，向對方進擊的威力更強。

以上活步練法，每個動作均可做單式練習。

第四十七式　六封四閉

第四十八式　單　　鞭

以上二式均同前，略。

第四十九式　前招、後招

總述：

此式雖曰前招、後招，實際上是發三個勁，第一向右前發挒捌勁；第二是向左前發挒捌勁（先引後發）；第三是向正前方發挒按勁。這種欲左先右、欲右先左、欲前先後、欲正前方先走左右的技擊手法，在推手中非常有用。可以聲東擊西，迷惑敵人。在變換手法之中，要切實注意順逆纏絲勁，並且注意在順變逆、逆變順時，必須先塌掌根，再走勁。充分體現「下塌外碾」之發人原則。同時，注意兩手的合力。

動作一：接單鞭，我身右後側之敵進左腿套住我右腿，以右手拿住我右手指或拿住右腕，左手拿住我右肘關節，或欲使我右肘脫節而受制。

　　我即乘勢身向左轉略下沉，重心偏左。同時沉肩墜肘，開胸，實腹，下沉左轉，鬆胯屈膝。右手臂乘勢順纏向左上領勁引進，使敵勁落空。乘敵勁欲回撤之機我身向右轉下沉，左腿逆纏變虛步並於右腳旁。同時我右手逆纏向外展掤開對方右手，使

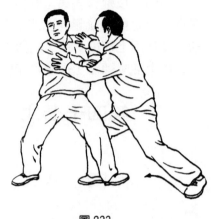

圖 233

對方身右及後面露空成為背勢；我左手同時由左上變順纏向下沉向敵身右肋及後腰撞擊。或我雙手向右後掤擊其雙臂，使其後仰。（圖233）

　　動作二：

　　設接上動作，我右前對手剛被我擊中倒地。這時另一對手從我身左後進右步用雙掌施按勁向我身左側肋部擊來。我即乘勢身右轉略下沉，重心在右，眼看身左側。同時左腿逆纏提起用腳踵向對方右腿膝部或迎面骨蹬踩，或進步插入對方襠內，或套住對方右腳，準備貼近對方之身進擊，同時我左臂手順纏向右前方引進，使對方來勁落空；同時我右手向右上逆纏領住勁。這叫「上引下擊」或「上引下進」的進攻之法。（類似運手之引勁）

　　動作三：

　　接上動作，設我左腳將對方右腳套住，貼近其身，我即乘勢身快速向右轉下沉，重心偏右，再向左轉進身用肩

靠擊對方右肋及右胸；稍遠則用左肘擊其胸、腹等部，同時，右腿逆提向左腳前邁步（橫掃）；再遠可用左臂手向對方胸、面等部橫擊。對方如退右步避我進擊之勢，我即乘勢身繼續左轉，用右臂肘手橫擊其左腰、肋部。（圖234、235）

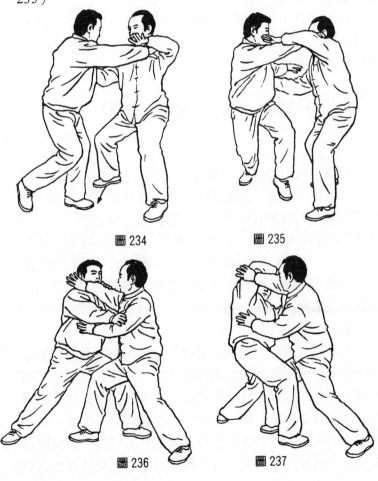

圖 234

圖 235

圖 236

圖 237

動作四：

設對方從我前面進右步用右拳向我胸部擊來，我即乘勢身先向左轉，再身向右轉，右臂向右上將對方右臂肘掤出。同時我左臂手下沉經腹前用橫勁向對方右腰、肋等部發勁擊去，使其右腰肘被擊。（圖236、237）

在推手時，連起來運用動作一、三、四，可以運用欲左先右、一引一進之法，右、左、前連發三個勁，做到聲東擊西，將敵人發出。

第五十式　野馬分鬃

總述：

此係運用大身法、大舖身，走採、挒、肘、靠勁，屬於貼身近戰的戰術。即強調走低勢，進步插襠或套腿，都要進得深，上肢插其腋下，也要靠得近，貼近敵人「大本營」（中盤胸腰部位），俗稱「塞靠」，而且要塞夠，走肩靠、胸靠、背靠，然後再發挑挒勁，稍微離開，即發肘擊勁，再遠走掌及腕背等梢節勁。體現三節勁的充分運用。但其中以靠摔、挒摔為主。

動作一：

接後招，設對方從我正面進右步用右拳向我左胸部擊來，我即乘勢快速向左旋轉螺旋下沉，同時左臂手由順變逆纏由腹前中線向左外上掤攦敵右臂手，使其擊我之勁落空。同時我身繼續左轉，右臂手由逆變順纏，從前中線下沉胸腹前向敵右臂肘外側下穿，纏住其右臂肘，右腿同時進步插入敵襠內，借勢身向右轉，重心由左漸移右，右膝

裡合，以左逆右順纏向右外捌挑敵右臂肘，使敵右臂被我捌挑受制，向我右外摔出跌倒。屆時如我右腳上步套住敵左腿，乘勢用肩靠擊敵左肋部，使其受擊摔出，或用裡扣（膝裡扣）外翻之勢，將敵人摔出跌倒。（圖 238）

圖 238

動作二：

設我剛摔倒前面之敵人，這時另一敵人從我身右外側用雙手抓住我右臂腕，欲用擒拿外翻扭我右臂。

我即乘勢身向左轉下沉，左手逆纏向左外上領勁，配合右臂手，同時右臂手順纏向頭前中線領勁引進，使敵勁落空失勢。（左引勢）

動作三：

接上動作，敵身前傾，勁落空失勢，乘其身體後坐以求平衡未及變招之機，我即乘勢身向右轉下沉，我右臂下沉逆纏向右外展開，與敵貼近可乘機用右後肩向敵胸、肋等部靠擊。稍遠則用右肘向敵胸、面等部擊出，使敵受傷失勢，再遠則用逆纏外捌敵右臂肘。同時，我左手順纏由左上而下沉裡合，向敵右肋或背部橫擊，使敵被擊失勢。如我還不欲放過敵人，可乘機用左腳向敵人左膝蹬擊，使

敵人下盤受擊摔倒。（右後橫擊勢，用法類似運手動作一、
二）

圖 239

動作四：

　　我已將敵人蹬倒，這時另一敵人從我前方進右步用右拳向我面部擊來，我即乘勢身繼續右轉，左腿先邁步插入敵襠內，或從腿外側套扣。同時我右臂手逆纏向右外掤攔敵右臂手，使敵右拳之勁落空，同時我左臂手順纏插入敵左臂腋下，距敵遠則用掌橫擊敵右肋部、腹部，稍近時則用左肘擊敵肋部，貼近則用左肩靠擊敵胸、腹等部。（圖 239）

動作五、六：

　　接上動作，當我貼近敵人用左肩靠擊敵胸、腹等部時，敵乘勢退右步，同時含胸後坐，右臂手下沉收回與左手合抓住我左臂肘，欲用雙按勁將我推倒失勢。我即乘勢身快速向左

圖 240

再向右轉略上升，我左手先向左逆纏變順纏向右上中線領
，向左外逆纏，「欲右先左」；向右上中線順纏引進落空，
使敵雙按勁落空失勢。當我向右上攦發敵人之時，敵失重
身體前傾，欲後坐調整自身重心時，我雙手再順變逆，逆
變順，迅速向左前發勁，順水推舟，將敵人向我左前方發
出。這叫「打回勁」。（圖240、241）

圖241

第五十一式　大六封四閉

總述：

　　此式用法與前大六封四閉基本相同，只是在連接動作
間有新的含義。即雙手多一個右下引、左上翻，雙手反擊
敵人胸、頭部，或拿敵左手肘反關節，使敵人受制。

動作一：

　　設敵人從我左側用雙手抓住我左臂肘施雙按勁，欲將

我擊倒。我即乘
勢身先微向左轉
加一個掤勁（欲
右先左），使敵
人判斷錯誤，再
向右轉下沉，走
右下攦　，向右
下沉引進，使敵
雙臂手按勁落空
失勢。

圖 242

動作二：

接上動作，設敵人雙手按勁落空失勢。我即乘其身向
後坐，調整平衡未穩之機，我左手快速逆纏裡轉勾腕，由
腹前上翻變順纏，用腕背向敵胸部或面部擊去。同時我右
手在右膝上快速順纏外轉向上翻，經胸部、頭部右側變逆

圖 243

纏擊敵面部。這樣雙手同時合力進攻敵胸、面等部。或者，我雙手同樣旋轉，左手勾腕，刁敵左腕向我左外上牽，右手上翻管住敵左肘關節（圖 242、243）。此時，如果敵人鬆沉，化開我的拿勁，我再順勢由反拿變擺，同時提右膝，形成上擺、下擊之勢。即接動作三之動作。（其他同前大六封四閉）

第五十二式　單　鞭

技擊含義同前單鞭，略。

第五十三式　雙震腳

總述：

前招、後招，野馬分鬃諸前式，體現了「欲左先右、欲右先左」的左右折疊勁。此式，又表達了太極拳之「欲上先下、欲下先上」之上下折疊法。即《太極拳論》中云：「仰之則彌高，俯之則彌深」，隨屈就伸、隨高就低之原則。敵人向下沉，我比他沉得稍多一點，稍快一點；敵人向上縱，我隨他上升之勁托他雙肘，稍微再高一點，稍微再快一點。他沉，使他在沉中失勢，升則讓他在升中失勢。這又是太極拳順勢借力的一種戰術。

動作一：

接單鞭，設敵人由我身左側用雙手抓住我左肘及腕部，用雙按勁向我推來，欲將我推出。我即乘勢身快速向左再向右轉先上擺再下沉引進，使敵雙手按勁落空失勢，

我再乘敵後坐之勢，向左前方發勁。（此動作類似第一單
鞭接第二金剛搗碓動作一）

　　動作二：

　　接上動作，前面之敵失勢，我身後又有敵人進攻，按
我右肩、肘。我乘勢身向右轉，我右手由順變逆纏上翻擺
敵右腕；同時我左手變順纏，準備配合右手纏拿敵右臂或
進擊敵人。（圖244、245）

圖244　　　　　　　　　　　　圖245

　　動作三：

　　接動作二，設我右手擺住敵右手腕，乘其未變招之前，
我身繼續右轉，重心變左，左腿逆纏，右腿順纏外掃（掃
敵前腳）再腳尖點地收回。同時我右手快速由逆變順纏反
纏拿敵右腕，使敵成背勢；同時我左手快速變逆纏合拿敵
右肘關節，以加強右手纏拿敵右腕之合勁，使敵右臂肘、
腕關節被纏拿受制處於背勢。（圖246、247）

動作四：

接動作三，設敵右臂肘及腕關節被拿受制，處於背勢，如敵人下沉，欲解脫我之反拿手法。我即順勢下按，你沉我比你沉得更深，使敵更加不得勁。此時，

圖 246

如敵人變招又欲上縱，我也變式，隨他上升，兩腳蹬地騰空，雙手快速順纏上升，乘敵上浮失勢，我再逆纏快速下沉用採勁猛採敵右肘及腕部，使敵因被採而身前傾跌倒在地。這是「欲上先下、欲下先上」的擊法。（圖 248～250）

圖 247　　　　　圖 248

　　以上動作，如能快速走一上（托）一下（採）兩個驚炸勁，也可以取勝。

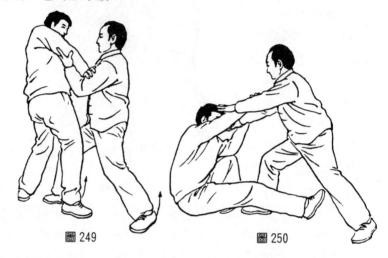

圖249　　　　　　　　　圖250

第五十四式　玉女穿梭

總述：

　　從整個玉女穿梭一式來說，它適用於衝出包圍圈，是在亦攻亦守、肩肘並用、手腳並用、螺旋衝擊的情況下穿出來的。這是一人對付多人之法。但是，在對付單人搏鬥中也有獨特的用法。（見下列分析）

動作一：

　　設敵人從我前方進步用雙掌向我胸部擊來欲將我擊傷或推出。我即乘勢身微左轉上升，同時右腿逆纏上提膝，雙手順纏以右前左後合勁上翻，上托截敵雙手來力。使敵雙掌擊我胸部之勁落空。或我順勢左手截托敵手腕，右手

截托其左肘部，將敵臂肘截托起，使敵身後仰，勁上浮。
同時我右膝借上提之勢向敵襠內或腹部撞擊。（圖251）

動作二：

設敵在我正面進右步，用雙手抓住我雙臂肘彎，欲將
我推出跌倒在地。我即乘敵人雙手勁將發未發之際，身快
速向左轉約 90 度，同時雙手逆纏以捌勁分敵雙手推我之
勁，使敵身左轉歪斜。同時我右手逆纏向敵胸部擊去，並
右膝逆纏裡轉，向前上再提，向敵襠內撞擊，將敵擊傷。
我左腿站穩以控制重心，這樣右掌與右膝上下同時向敵進
攻。（圖252）

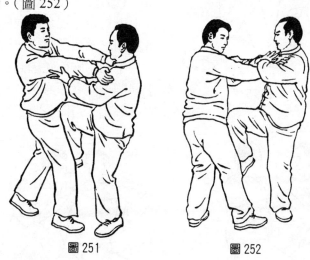

圖251　　　　　圖252

動作三：

接上動作，設我右掌及右膝向敵胸部及襠內擊出，敵
右腳退後一步，避我右掌及右膝之勁，我即乘勢身快速向
右轉，右腿順纏腳尖外轉向前上一大步逼近敵人。同時我
右手順纏快速收回至右胸前，或接拿敵伸出之右手腕。同

時我左手快速逆纏向左前方之敵面部及胸部擊出，或擊其右肘反關節。使敵不及躲避，被擊倒地。（圖253）

動作四、五：

設我剛將一敵人擊倒，另外一些敵人從我左前右後及兩側將我包圍住，欲合伙將我擊敗。這時我即乘勢右腳踏地，身騰空躍起，隨左手逆纏向左前穿出，當我左腳尖一著地，左手逆纏下沉（上下相合）裡合向我原來身右側之敵腿部擊去，同時我右手由右胸前逆纏向右外上展開，向我原身後及左側之敵擊出，這時我身已穿出

圖253

圖254　　　圖255

敵人包圍圈。向前騰空衝擊時，要發揮旋體時的肩靠肘擊諸法。

此動作若仍係對付上述一人，接上動作，當我左右手擓拿敵右臂肘時，敵右手隨我擓勢進身向我靠擊，我乘勢右手上引，左手下採，雙手分挒，隨轉體走肩胯靠摔，可將敵人摔出。（圖254、255）

第五十五式　懶 扎 衣

第五十六式　六封四閉

第五十七式　單　　鞭

第五十八式　運　　手

以上四式技擊含義均與前相同。略。

第五十九式　雙擺蓮

總述：

此式是一種摔法。全式分作三段，含有三種摔法。第一段，即動作一、二、三，是左腿插襠，雙手向右外擓，左腿逆纏外崩，將敵人摔向我右前方；第二段、第三段即

動作四中所包括的兩種摔法。先是左腿外套敵右腿向裡勾
扣，雙掌向左前擊其胸或臂，右膝提起撞擊其襠腹部，向
左前方摔之，為第二種摔法。然後，我右腿再偷進到敵身
右側，再走右外擺腳，同時雙手向左側擊打敵上盤，上下
形成剪刀勁，將敵摔向我前方。此為第三種摔法。此式充
分體現一式之多用，讀者不可不仔細鑽研。

動作一：

接運手，雙手前掤，跟右步，是為接應左前方敵之來
力，並為擊摔敵作準備。

動作二：

設敵進右步從我方用右掌向我胸部擊來，欲將我胸部
擊傷。我即乘勢身向右略轉以避敵右拳擊我胸部之勢。同
時我左腿逆纏提起，
向敵右腿外側進步以
備變化虛實擊敵。同
時我雙手以左逆變順
纏，由身前向敵右臂
外側掤攦敵肘、腕
部，準備順勢將敵攦
出摔倒。如我左腿蹬
擊敵下盤，雙手攦發
敵上肢，也是一種摔
法。(圖256)

圖 256

動作三：

接上動作。我左手管住敵右肘外側，右手攦住敵右腕
關節，順勢向右外下攦採敵右臂手，使敵身前傾失勢。同

時左腿逆纏裡轉，用左小腿外翻之勢，彈崩敵人右腿，形成上掤下崩之勢，使敵前伏，又是一種摔法。

動作四：

接上動作。我雙手掤採敵，使其失勢落空欲後撤，這時我乘敵身失勢之機用以下三種方法對敵：

一、提右腿逆纏裡轉，距敵近，可以右膝裡合上提撞擊之下陰及腹部；或用右腳裡側向敵右膝下脛骨鑷蹬擊去，或用雙手掤採之勢將敵摔出。這是裡合腿摔法。

二、右腿逆纏裡轉提膝擊其中盤，同時我雙臂手以左逆右順纏向左上方，將敵右臂壓住，向敵下頦或胸部擊去，配合左腿套住，這是向前摔擊法。

三、我右腿由敵右腿外後下方向右上外擺擊敵腰胯或右腿彎處，雙手向左旋橫擊，將敵擊傷摔倒。這又是一種右腿外擺雙手裡合利用對稱勁摔倒敵人，故稱雙擺蓮。（圖

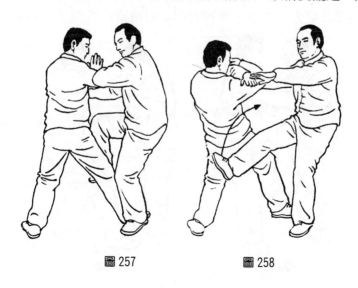

圖257　　　　圖258

257、258)

第六十式　跌　岔

總述：

此式總的含義是萬一不慎跌倒時，在背勢之中如何找順勢，在敗中如何取勝的一種鍛鍊方法。同時鍛鍊在跌倒時如何利用臀部下沉著地、借用大地的反彈力，迅速騰然而起，以上撐、衝拳之勢反擊敵人，以獲得敗中取勝的效果。讀者注意，與上式連接動作之中含有一種拿法和絞截法。

動作一：

接上式雙擺蓮，設我用右腿外擺及雙手裡合，剛將我身右側敵人摔出跌倒，這時另一敵由我左側進步用雙手按推我挪出之左臂肘腕，欲將我向身右後推出跌倒。我即乘

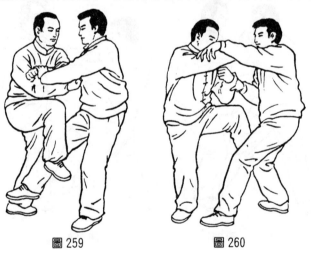

圖 259　　　　　　　圖 260

勢身向左約轉 90 度略下沉，右腳逆纏下沉震腳變實，同
時左腿順纏外轉膝，腳裡扣上提向敵襠或腹部撞擊，使被
撞擊受創。同時我雙手以左逆纏右順纏，左上右下雙腕交
叉，左肘腕逆纏向右合下沉，使敵雙手按勁落空失勢，同
時在左臂手掩護下我右臂拳下沉偷擊敵之胸部、腹部，使
敵防不勝防。如此時，敵用左手抓我左腕，我右手自下而
上反扣住敵左手腕，雙腕交叉合力下採，又是一種拿法。
這樣與左膝運用身法配合，乘機可向敵中、下盤同時進擊。
（圖 259）

動作二：

連接上動作，如果敵進右腳、雙手向我左臂肘推來，
迅速凶猛，我引化稍遲，不慎被其推動重心受制，有被其
推出跌倒的危險，我即乘勢身略向右轉，右膝彎屈，快速
跌下，右臀部及膝裡側著地。同時我上提左膝，左腳快速
向敵右腿下部、脛、腓骨蹬擊。這是敗中取勝之法。再借
身跌下臀部著地彈起，配合左腳後跟及右膝、右腳裡側撐

圖 261

地借力上起之機，我左拳向前上衝起以擊敵（接下式）。（圖260、261）

另一種含義是當我不得勢下跌之時，雙拳捯開，右拳掤起敵進攻之右臂，左拳乘勢擊打敵之腹部及襠部。（圖262）

圖262

第六十一式　左右金雞獨立

總述：

　　金雞獨立一式的技擊含義主要在於雙手走上下斜向捯勁，乘敵中盤空虛之機，提膝擊其襠部。左右分別練習，以隨機應變。同時，讀者還要注意其中兩個獨立步之間接接處，雙震腳時含有隨高就低、忽上忽下、順勢借力、化打結合的技法。

動作一：

　　接上述跌叉，我利用蹲地反作用力，右臂部彈起，再

圖263

借左前腳跟及右腿跟裡側撐地的支撐力，身略左轉向左前上騰起，左拳（距敵近則擊襠，稍遠擊胸，身起跟進即擊下頦）由下而上向敵衝擊，右拳由右後下沉順纏至腹前，從左拳裡側準備向上衝擊，這時以防敵躲過左拳，右拳跟進為偷擊之法，同時左腿順纏外轉變實。同時我右腿逆纏，右膝上提向敵襠內或腹部撞擊，這樣拳、膝同時進擊，使敵難以防備。我右拳擊敵下頦時也可變掌逆纏向右側前上托敵下頦，敵下頦被托，頭部及

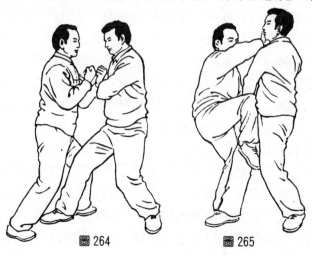

圖264　　　　　圖265

身後仰，定然突出小腹，我即以右膝借敵身後仰之機上提向敵襠、腹部撞擊。（圖 263～265）

此動作另一種用法，即當我左拳上衝時，被敵順手抓拿，我左手順勢上引，右手向右側下採挒 敵之左手，敵中盤空虛，我迅速提膝擊其襠部。

動作二：

接上動作，敵欲避開我上托或挒之勢，身下沉，我則隨其下沉之勢，雙手下採按敵頭、肩、臂均可，如敵被按不得勁又欲上縱，我即再隨其勢迅速再走一個上托、上挒之勁。將敵發出。如他再次下沉，我即雙腳下沉（震腳）雙掌猛向下拍擊敵人。此動作忽上忽下，快速變化，皆為隨機應變之法。練習時跳起雙震腳也可，單獨右腳震腳也可。跳起雙震腳可快速調整與敵之間的距離，單震腳可跺敵腳面。（類似第五十三式雙震腳之技法）

動作三：

設前面敵被我雙手下採勁擊傷倒地。這時另一敵從我身右外側進步雙手按推我右肩肘欲將我推出跌倒。我即乘勢身向左轉下沉，重心移左，同時右腿逆纏以腳跟裡側向右側蹬擊敵前腿。同時我雙手臂先向右掤，左順右逆纏變左逆右順纏，再向左外上攟，使敵雙手臂按勁落空失勢，此為上引下進之法。（圖 266）

動作四：

接上動作，敵雙手按勁被引進落空失勢，不等敵換勁變招，我乘機身略右轉下沉，重心移到右腿，與敵失勢落空方向相反，左腿逆纏變虛併步，同時我雙手以右逆左順纏下沉，由敵雙臂下以左手走下弧接近敵胸和下頦，準備

變招擊敵。

動作五：

接上動作，當我左手接近敵胸部或下頦時，乘敵失勢調整重心含胸後坐時，我左手逆纏旋轉托住敵下頦向左上托起，敵下頦被托身後仰，我同時以左膝上提撞擊敵襠內或腹部。（圖267）

圖266　　　　　　　圖267

第六十二式　倒　卷　肱

第六十三式　退步壓肘

第六十四式　中　　　盤

第六十五式　白鶴亮翅

第六十六式　斜　　行

第六十七式　閃　通　背

第六十八式　掩手肱錘

第六十九式　六封四閉

第 七 十 式　單　　鞭

第七十一式　運　　手

第七十二式　高　探　馬

以上十一式同前。略。

第七十三式　十字單擺蓮

總述：

十字，指敵將我雙臂拿住或按住，如十字形；單，區別於前面的雙擺蓮。前者我用雙手與外擺之腳形成剪刀勁走捋法，此式則用一手（左手）外捌與右腳外擺相配合，形成剪刀勁走捋法。故名十字「單」擺蓮。此式接高探馬，由五個連接動作組成，含五種技法。第一，敵人從我右前方雙手推按進攻，我邊引化，邊走左右手上下纏繞合住勁，右手拿住對方右手，走絞拿和肘擊法；第二，我雙手走捌勁，右臂掤，左手向敵右肋進擊；第三，即走上述十字手，中間有個左肘、左肩靠勁；第四，走上捌下擺的捋法；第五，即為海底翻花。故此式雖名為十字擺蓮，但其中包括若干種化打方法。

動作一：

接高探馬，設敵人從我身右側抓住我右腕及肘部，欲用擒拿翻扭右手臂肘，或乘勢施雙按勁欲將我橫向推出。我即乘勢身先略右轉再左轉略下沉，右腿逆纏，左腿以腳尖為軸順纏外轉，右手臂順纏外轉下沉裡合向左前上旋，將敵反扭我右臂肘勁或雙按勁引進化空，乘其未變招前，我左手由腹前逆纏上翻裡合向敵胸、面等處擊出。（圖 268）

動作二：

接上動作，如我左手擊敵胸面時，敵含胸塌腰下沉，避我左手擊出之勁，並欲變招取我。我即乘勢身右轉略下沉，以右手逆纏粘敵右腕翻轉擒住敵右腕向我右外略上領

出，使敵身右側露出空間；同時我左手合於右肘彎裡側略
下沉，逆纏裡轉與敵距離近即用左肘向敵右肋部擊出。或
用我左肘橫擊敵之後肘反關節。（圖269）

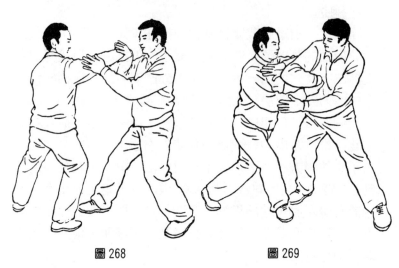

圖268　　　　　　　　　圖269

動作三：

接上動作，敵被拿欲退
，距敵稍遠，我仍用右手擒
住敵右腕繼續向我右外上領
勁。使其身右側完全露出空
間，我即乘勢左手逆纏向左
外下沉，向敵右肋部擊出。
左腿也同時逆纏提起，用左
腳向敵右膝關節及脛腓骨位
踩擊，使敵中下盤同時被擊
受傷失勢，或左腳向前方（

圖270

敵右腿右後方）邁步，走套步以備變招再擊摔敵人。（圖
270、271）

圖271

動作四：

設敵在我正面用雙手抓住我雙腕部以左上右下把我雙
臂手絞住，乘勢欲將我推出。我即乘勢身右轉略上升，再
下沉，左臂手逆纏，用左外肩向敵右臂肘外側靠擊。此謂
十字靠。（圖272）

動作五：

接上動作，敵人距我稍遠不能用靠，我即乘勢身向左
轉上升，右腿逆纏裡合提起，距敵近用右膝撞擊敵襠部。
距敵遠我右腿裡合提起至敵右腿右後方，配合我左手臂逆
纏外捌擊敵右側或敵胸部，我用右腿向敵腿彎處外擺擊
出，上下形成剪刀勁，將敵摔倒。（圖273）

動作六：

我把敵摔倒在地，另一敵人由我身右後進左步用右腳

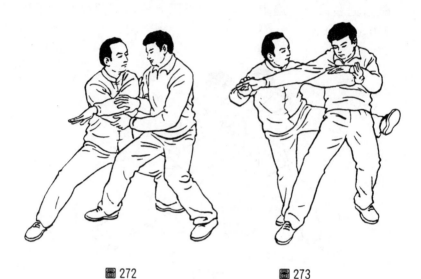

　　　　　　圖 272　　　　　　　　　　　　圖 273

向我右外胯蹬擊，我即乘勢身向右轉，右腿裡合屈膝繼續
向上提起，順纏外轉。同時我左手變拳逆變順再變逆纏上
翻至左耳旁；右手變拳由左
腋下逆纏上翻，向身後右膝
外側下沉，向敵右腿腓骨擊
出。或在我發上捌下擺勁之
後，右側另一敵抓住我雙臂
，欲將我推出。我乘勢雙手
肘下沉上翻再下沉，用我雙
臂絞截敵人雙臂，左肘裡合
，右肘外捌，下邊用右膝橫
向撞擊敵人腰胯，從而將敵
向我身右側摔出。（圖274）

圖 274

第七十四式　指襠錘

總述：

此式最後之動作為擊襠錘，而其前面還包括三種技擊法：第一是接十字單擺蓮最後動作（海底翻花），我以雙臂絞住敵雙臂，向右邊轉邊沉，走摔法時，我再變右腳下沉，提左腳蹬擊敵下盤，使敵摔得更脆。第二是乘敵人失勢後撤之時，我雙拳（肘）速打回勁，向左側敵猛發拳（肘）橫擊勁。第三是敵若仍有力向我進攻，我再右下沉走擺勁（欲上先下，下沉為了上翻），當敵被擺採勁落空，欲回撤變招時，我乘勢迅速向左上翻，雙拳掄向左上方，左拳擊打敵人胸部、面部，右拳劈頭蓋頂向前下猛擊敵頭部。或用摔法，向左前方摔出。第四，方是指襠錘，當我掄起雙拳還擊左前方之敵時，右前方另一敵抓住我雙臂，我右臂引進裡合（合於左肘彎上）當敵猛按我左手臂時，左手再引化收回，右拳從左肘下沉擊向敵襠部。形成左引右進（擊）之勢。具體用法分解如下：

動作一：

接十字單擺蓮動作六，當我雙臂絞截敵雙臂向右前翻摔之時，右腳震腳落地，加大上肢下採之力，同時乘右腳落地，左腳立即提起向前方之敵前腿蹬擊，形成敵上盤被我絞纏向右前摔，下盤又被我左腳向左前蹬擊而失勢。此時，我如不放過敵人，趁敵失勢欲後撤之機，我迅速用左拳、左肘向左前之敵發橫挒勁猛擊。或左手與右手反拿敵之右臂，向左前邊拿邊發。（圖275～277）

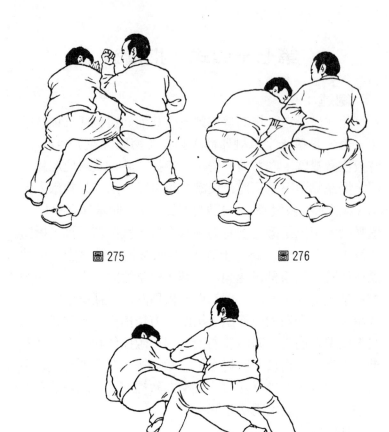

圖 275　　　　　　　　　圖 276

圖 277

動作二：

　　設接上動作，如敵見我左拳、肘擊其胸肋等部，身略
左轉，左腿後撤半步，並含胸向後坐腰，避我左拳肘進擊
之勢，並乘機用雙手由我左前外側抓住我左臂肘，欲施雙
按勁推擊，想把我推出。我即乘勢身右轉再下沉，向右前

攦發，使敵雙手按勁落空失勢。於是我即乘敵雙手按勁落
空失勢未變招之機，身快速向左轉上升，拳以雙逆變順纏，
由右下向左前上敵面部擊去。（圖278、279）

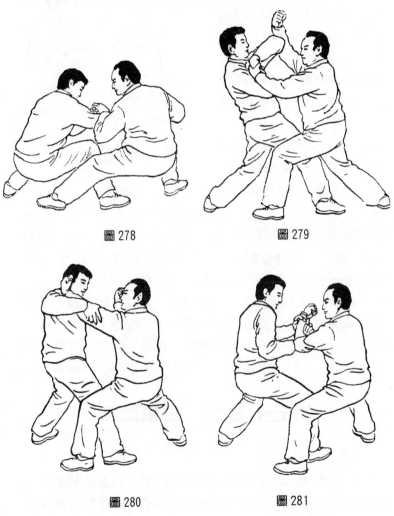

圖278　　　　　圖279

圖280　　　　　圖281

動作三：

接上動作，雙拳向敵面
部擊時，如敵閃身撤右腳右
轉避開我拳擊之勢，並乘機
用雙掌向我面部擊來，我即
乘勢身先略向右轉，同時我
雙拳逆纏，向上掤分敵雙掌
擊來之勢。敵雙臂手被我雙
逆纏上掤分開必身後仰，防
我擊其胸部的雙拳。我即乘
勢身快速向左轉約 90 度，
同時雙臂拳快速雙順纏下沉

圖 282

裡合，變雙逆纏，以左上引進右下的分挒的雙開勁，用右
拳向敵襠內擊去。或如上述，敵抓住我上掤之雙臂（或雙
腕），我利用先合後開一引一進的分挒勁收左臂，並從左
臂之下邊發右拳擊其襠部之勢。（圖 280～282）

讀者注意：此式雖名曰指襠錘，但其技擊含義並非只
有用拳擊襠一招，而且可以用肩靠，距離遠了方可用拳。
同時，在發拳擊勁之前，要擰胯、扣襠、轉腰、旋肩，以
大右拳、右肩的爆發力。

第七十五式　白猿獻果

總述：

白猿獻果一式技擊的落點是提右拳、右膝，擊敵胸、
腹、襠部，甚至可以走右臂挑襠的摔法。但在整個運化蓄

發過程中，還有非常細膩的過渡動作，充分體現了順勢借力、欲上先下、欲下先上、勁走三節、節節貫穿，以及「挨到何處何處擊」的技擊原則。起點，是當我用右拳擊敵襠部時，敵人用右手抓住我右腕，防我擊其襠部。於是我順勢逆纏向裡下折腕，用腕背及肘部，還擊敵人之腹部。如敵抓我右腕之手，隨我進攻之勢向上挪我右臂，我再順勢向我右前上方引敵右臂，使敵亮開右肋右胸，我此時左肘裡合，用左肘擊其右肋右胸，或擊其右肘反關節。

敵失勢欲下沉向左右撤，我即乘勢，右手隨敵右臂下沉之勢，隨之下沉，化開敵拿我右腕之勁，再乘勢向左上衝拳，擊敵腹、胸、下頦等部，同時提右膝撞擊其襠部。此即白猿獻果之含義。正是因為此動作忽下沉忽上衝，所以老拳式名此為「青龍出水」。

動作一：

接指襠錘動作三。

設一：我以右拳向敵襠內擊去，敵向我左前方撤步，避開我右拳進擊之勢。我即乘機身快速向右轉，準備變招進擊敵人。

設二：我右拳向右前敵襠中擊出，敵出右手抓住我右腕，或向前上挪開我右拳，我乘勢反拿其右腕，向右上引開，同時使敵右半身暴露，我乘機以左肘裡合擊其右肋，或以我左肘擊其右肘反關節。（圖283、284）

動作二：

接動作一。敵勢背欲後撤，我乘勢身向左轉約90度，先螺旋下沉再上升，重心由右變左。同時左腿順纏以腳跟為軸，腳尖外轉著地，右腿逆纏裡轉膝上提（隨右拳上衝），

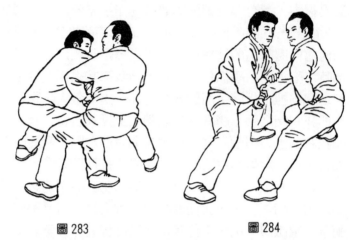

圖 283　　　　　　　　　　圖 284

向敵襠內或腹部撞擊。左拳貼左肋部順纏旋轉下沉，右拳
順纏向前撞擊敵下頦。這樣上下同時向敵進攻。（圖 285）

　　此動作第二種含義是，接上動作，如我右手反拿敵右
手時，敵左手進擊，此時我左手下沉，採掛敵左手臂，我
可以乘勢發右拳，右臂從敵左側上衝進擊。右拳肘擊其左
臂、左肩，右膝撞擊其左胯，令其向左前跌出。（類似第
一金剛搗碓動作六，我右拳走敵左臂的外側之勁）

　　另一種用法，即用下沉之右拳、右前臂挑擊敵人襠部，
使其後翻。（圖 286）

　　讀者注意，我右拳上衝時，不論從敵正面或左側面上
衝，都要走螺旋勁，邊旋轉邊上衝。發這種螺旋勁的整個
過程中，可以隨機應變，挨到何處（何處虛）即從何處擊
打敵。萬萬不可走直勁。這是陳氏太極拳不同於其他武術
的特徵之一。

圖 285

圖 286

第七十六式
小六封四閉

總述：

此式名為「小六封四閉」，與其他六封四閉的區別，在於它不走掤攦擠諸勁，而是走一個解脫擒拿的螺旋下按的採捋勁。邊解脫邊進擊。因動作小巧，故曰「小六封四閉」。

設接白猿獻果，我上衝之右拳被敵抓住，並乘機向

圖 287

我施按勁。我乘勢先引進，若仍未化開敵抓拿之勁，我雙手合於胸前，走雙逆纏，塌腰、下沉、變掌（採挒），將敵拿勁解開，然後迅速走下弧，再向敵按勁，下塌外碾，將敵推出。（圖287）

第七十七式　單　　鞭

同前，略。

第七十八式　雀地龍

總述：

此式又稱舖地錦、舖地雞。其用法與跌岔類似，不同之處在於臀部不貼地，走下勢、低身法，左小腿肚可貼地。基本手法是：雙手臂接敵衝來之右拳右臂，先走上攦，再下沉，一合（拿）一開（挒）。鍛鍊一種低勢採挒應敵法。

動作一：

接單鞭，設敵由我身左前方進右步用右拳向我面部擊來，欲將我面部擊傷。我即乘勢身快速先略右轉再左轉，重心由右移向偏左。同時，左掌快速由順變逆纏上掤再下沉裡合，掤攦敵向我面部擊拳之臂，使敵右臂拳被掤勁斷；同時，我右拳快速先逆後順纏由向右側上攦變下沉至我左臂下，雙腕交叉向敵胸腹等部擊出。

此動作另一用法是，我雙手接敵右拳，我右手拿敵右腕，左手管敵右肘，走左上右下絞拿法，使敵失勢。（圖288、289）

圖 288　　　　　　　圖 289

動作二：

接上動作，我右拳向敵胸腹部擊出，敵身右轉收右拳，撤右步含胸塌腰，避開我進擊之勢，並提右腳向我腹襠部踢擊。

我即乘勢身右轉下沉，重心偏右後，左腿逆纏，腳尖裡勾。同時我雙拳以左順右逆分向左前下、右後上分挒，左拳下沉擊敵右腳踢來之勢，右拳再向上

圖 290

掤，以保持平衡，或繼續引開敵之右臂。（圖 290）

如接上動作第二種用法，當我雙手擒拿住敵右手肘時，敵向下鬆沉，解脫我的拿勁，右拳再向我進擊，此時，我向右上方引化敵右手，使敵右胸露開，我下沉左拳，猛擊其胸部或腹、襠部。

第七十九式　上步七星

總述：

此式與上式配合，一下一上，敵下沉，我下沉；敵上升，我上升。即拳論所云：「仰之則彌高，俯之則彌深。」隨高就低。平時練低架子，就是為了適應敵人下沉之勢，加強下盤的功力。並非交手必走低勢。上式，敵下沉，我走低勢大身法；此式設敵後退上升，我即沾連粘隨，迅速跟進，上衝左拳，再上衝右拳，再雙拳合擊敵胸部或下頦部，同時，隨敵撒左腿，我則上右腳，趁敵退勢，我上右腳踢其襠部、腹部。這叫「避其銳氣，擊其惰歸」。（《孫子兵法》）「宜將剩勇追窮寇」也。

動作一：

設接上式，我左臂拳順纏下沉，採擊敵向我踢來的腳，敵見勢不妙，撒回右腳並欲變招

圖291

圖292

勝我。我即乘勢身左轉略下沉（合）再上升，上右腳，向敵膝部脛腓骨踩擊。同時，左拳領勁先略下沉（上下相合）略順纏變逆纏，向左前上方敵胸部或下頜骨衝擊；同時右拳由右後上順纏外開下沉經身右側由左拳外交叉上衝，向敵胸部或下頜骨衝擊。敵如身後仰躲避我雙拳衝擊時，上右步近身用左或右肘向敵胸部擊出，這樣上中下三盤同時向敵擊出。讀者注意，此拳凡虛步都可以踢、蹬、套、插。（圖291、292）

圖293　　　　　　圖294

動作二：

設敵從我正面進右步用雙拳向我面部撲擊欲將我面部擊傷。我即乘勢身快速先微左轉略下沉，同時雙手逆纏上掤敵雙手腕，將敵雙手臂向上掤開，再快速微向右轉，乘機雙手腕粘連旋轉以左前右後交叉相合、坐腕，向敵胸部擊出。（圖293、294）

第八十式　退步跨虎

總述：

太極拳講究在背勢中找順勢，逆境中找順境，退中有進，敗中可勝。倒卷肱是從正面退中進擊；此式則是向右側退步，但退右步，可以進左肘，後退之腳還要掛、掃敵前方之腳，從而退中取勝。接上式，我雙拳（掌）擊敵胸部時，敵按我雙肘，我雙肘裡合下沉，借敵之按勁，迅速反射到我雙手梢節向前上的抖撩勁，借其力，還其身（撩擊敵面部）。此時，我雙腕若被敵拿住，我則順勢下沉，雙腕翻轉，以求解脫並趁機雙掌坐腕，擊敵胸部。又是一個解脫之中有進擊。這些動作充分體現了陳式太極拳化打結合之妙用。此時，如敵抓我雙臂不放，我再變換手法，即用開合互變之法，先向兩側分挒　敵之拿勁，敵合勁更加大，我於是乘借敵的合力向前上走搓勁。又是一個借力擊人之法。

動作一：

設敵在我正面進左步，雙手抓住我雙腕將雙腕合絞住，使我受制或乘勢欲將我扭絞翻倒在地。我即乘勢身先

略向左轉略上升,再以右腳尖著地向右後退一大步;同時,我雙手先向前上敵面前略雙順纏上揚(這是欲下先上之意,使敵判斷錯誤),然後雙手合住勁,變雙逆纏下沉,使敵身前傾隨我右腿向右後退步右轉,而更加失勢;同時我雙腕粘連交叉,雙手由裡下向前翻繞一圈,以解敵拿我雙腕之手;同時可乘機用雙腕背向敵胸、面等部合勁擊出。

再設,我將敵雙手交叉拿住,雙手合住勁用雙腕背先向敵胸、面等部擊出(虛實並用令敵難防),然後突然下沉合住勁,用採勁拿敵雙手使敵雙手腕被絞截纏拿,身前傾失勢。同時右轉退右步,使敵被截拿身更前傾失勢。這時,我雙手腕由裡下向前上交叉粘連連翻轉一圈乘機向敵胸面等部擊出。

我退右步時,還可以用左肘橫擊,下用右腳橫掃,使其摔倒。(圖295、296)

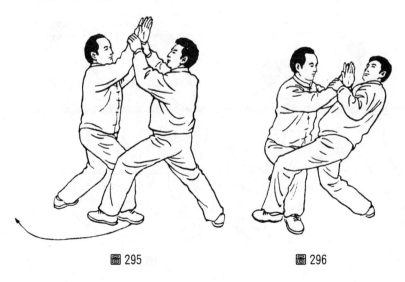

圖295　　　　　　　　圖296

動作二：

接上動作。當我身右轉右腳向右後退一大步後，敵仍在我身前按我雙臂不放，我雙手先捌開，加大雙臂外掤勁，使敵按（合）勁加大，以便我下一步借其合力，還治其身。（圖297）

動作三：

接上動作，敵人雙臂被我雙臂向兩旁分開，我即乘勢身先略向左轉下沉，再向右轉上升；左腳跟提起，腳尖擦地（或提起）裡合向敵人左腿左側脛骨絆擊，配合雙手由敵雙臂肘下，向上合勁，向敵雙肋部合擊。

此動作為一種向前上的雙手搓勁。此搓勁既可以擊其兩肋，也可以搓放其雙臂肘，也可以雙手合搓其左臂，一手拿腕，一手搓擊肘部反關節。如能再配合左腿裡合絆擊，可以將敵人摔出。（圖298）

圖 297　　　　　　　圖 298

第八十一式　轉身雙擺蓮

總述：

此式技擊含義與前雙擺蓮式相同。區別即在於「轉身」過渡動作中的用法。但此轉身動作的用法，又與前旋風腳動作一、二之用法相同，只是方位相反：一左一右，皆為上攦　下擊之勢。此式接退步跨虎，當我雙手向前面之敵走相錯相合之搓勁時，右側之敵推拿我右肘右腕。我先以右臂掤住來力，左手下沉備用。接著我右手反拿敵右腕，向右後上方引領，乘機我左手上提，一來可以擊其右肋，二來可以上托其右肘，與右手合力，形成右後上攦之勢。同時，提右膝，先是用膝擊其右胯、右肋；然後是蹬擊其右膝，或插襠，或套腿，以備走擺腳時上下交錯反折之勁，將敵摔出。

動作一：

接上式，我身右側之敵以右拳向我右胸或頭部擊來，我乘勢先左轉，再右轉，右手逆纏由敵右臂肘外側向右前上方纏拿或掤敵右臂腕，使其勁落空身左傾失勢，同時我左臂分開向左逆沉，以備變招制敵。（圖299）

動作二：

接上動作，如敵右臂腕被纏拿或被掤開，身左傾失勢，右肋部及後背露空，我即乘勢視距離遠近，近則提左膝逆纏裡合向上撞擊敵右肋部或後臀及外胯，遠則用左腳裡合擺起擊敵人右肋部或後背，或用左手順纏上起裡合擊敵右側，或配合右手托敵右肘反關節。（圖300）

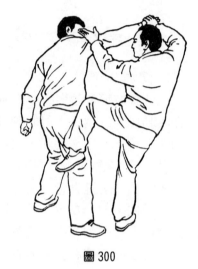

圖 299　　　　　　　　　圖 300

動作三：

接上動作。如我右
手逆纏拿住敵人右手腕
向右外上牽引，敵害怕
身右側及後面暴露被攻
失勢，則隨我右手纏拿
引，向我身右後轉，避
我左手及左腿合擊之
勢，並欲變招勝我。我
即乘勢身向右轉下沉，
重心變偏右，我以雙手
向右外下攦，採敵右臂

圖 301

腕，同時左腳蹬擊敵下盤，使其失勢向我右外前傾。（圖
301）

動作四：

技擊含義同第五十九式雙擺蓮。

第八十二式　當頭炮

總述：

陳式太極拳有許多拳式，在外形動作上是用拳（或掌）等梢節擊敵，其實內涵多是以上臂、前臂與腿、肩、胯、胸、腰等部位相配合貼身走摔法。如此式名曰當頭炮，而且外形也是掄起拳頭迎敵，實則為一種摔法。此式接上式，當我用雙擺蓮摔倒前面之敵，另一敵上左步前來抓我雙臂，我雙臂先下沉引進裡合，塌腰鬆胯，左腿下沉，右膝先撞擊來敵的腹部、襠部，然後向右後側蹬擊敵之左腿，雙臂再向左上纏絞。發放敵之雙臂，形成雙手向前上、右腳向右後下（皆走弧線，雙手走右下而左上的上弧線，右腳走向右後外的下弧線）的一種對稱絞勁，將敵摔出。此時，如敵下沉後坐，躲過我上擊之勢，我隨敵也下沉，先含胸塌腰蓄勁（或引進其進攻的雙手）或乘敵後坐欲撤之勢，我乘勢雙拳再猛擊敵之中、下盤。這樣先上後下，忽上忽下，逢上必下，隨高就低，使敵防不勝防。

動作一：

接上式，另一敵在我前面，左腳在前用雙手按我雙臂肘，欲將我按扁推出。我即乘勢身略向右轉，右腿屈膝上提裡合，用右膝向敵腹部或襠內撞擊，或用腳裡側向敵人膝部下脛骨處踢擊。同時配合我雙臂、肘、拳向右側外後引進，使敵雙手按勁落空失勢，將敵向我右側後方摔出。

如敵調整重心，身向後坐想穩定重心再乘機變招勝我。我應乘敵調整重心未穩定變招之前，我右腳向敵左腿橫擊，同時，雙拳向左前上敵胸面等部以挒勁橫擊出，將敵擊傷，這樣上面雙拳與下面右腿相配合可將敵擊傷摔出。運用此手法時，一定要站穩。此時，我還可以雙手臂插入敵兩肋，向左前上與右腳向右後下蹬敵左腿，形成摔法。（圖302、303）

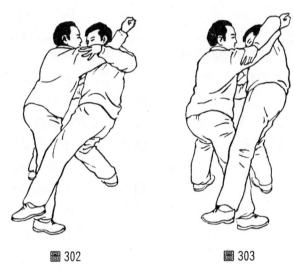

圖302　　　　　　　　　　圖303

動作二：

接上動作。我剛將敵向我左前擊傷摔出，這時另一敵由我正前方起右腳向我腹部踢來，欲將我踢傷倒地。我即乘勢身快速先略向左轉再向右轉下沉，重心先偏左前，再移偏右後，我雙拳先雙逆纏略上揚（這是欲下先上之意，也是為了加強雙臂肘拳下沉採勁擊敵的力量），再下沉以雙順纏向敵右腿脛骨處以採勁擊出，使敵後腿脛骨被擊失

勢，然後我再變招取勝。（圖304）

動作三：

接上動作。我雙臂拳以採勁向前下沉，將敵右腿脛骨處擊傷，敵受傷失勢，此時敵後坐欲撤，我即乘勢身先快速略向右轉下沉用拳或腕背，再向左轉上升，以雙臂拳先快速略順纏變逆纏，裡勾折腕，由腹前向左前上敵胸面等部擊出，使敵胸或面部被擊失勢。（圖305）

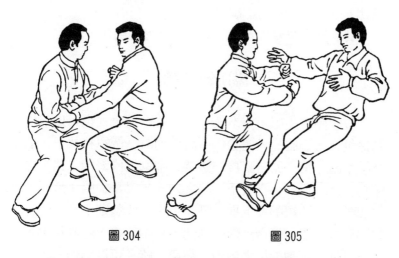

圖304　　　　　　　圖305

第八十三式　金剛搗碓

總述：

當頭炮接此式，其連接動作（即動作一），雙拳變掌先向前掤，然後再走上攦。此動作不可忽視。這是欲後先前之意。是為了加強向我右側外後雙臂手攦勁的效果。陳式太極拳技擊法的特點之一是「從反面入手」，這可以說

是一個規律，逢開必合，逢合必開，逢左必右，逢前必後，逢後必前（如此式、此動作）。或云欲左先右，欲右先左，欲前先後，欲後先前，等等。

凡是上式與下式，上一動作與下一動作接勁、變勢、變招、變速，不論手法、身法、重心，都要做到這種「欲前先後」「欲順先逆」的技法運用。作用在於：㈠能使敵人判斷錯誤，出其不意；攻其不備；㈡便於變式、換招、運勁，以制敵；㈢為了借力。

其餘動作技擊含義同前第一金剛搗碓動作，略。

關於收勢

按陳照奎先師所傳拳架，第一路拳的收式也可以只作為最後金剛搗碓的一個動作，而不列為一個單獨式子。因為按拳譜，第一路拳緊接二路拳，金剛搗碓緊接二路拳之懶扎衣式。所以，它既是一路之末式，又是二路（炮錘）之起勢。一路起勢手上提、腰胯下坐，收勢則手沉身起，陰陽對稱，起承轉合，緊密相連，善始善終，起收相寓，天衣無縫，可謂編排之巧妙。故第一路拳可以稱作八十三式，也可稱作八十四式。

下　編

陳式太極拳第二路
（炮錘）技擊法

導言：

陳式太極拳第二路，原名炮錘。與第一路比較，相對而論，它有以下五個特徵：

一、速度快

要求做到快而不亂，快而不丟。不丟動作，不丟纏絲勁。總的速度快，但仍要求做到快慢相間。

二、發勁多

發勁仍要求鬆活彈抖，而且發勁要做到勁斷意不斷，注意每次發勁之後要有接勁。同時注意發勁要發螺旋式的勁。

三、跳躍多

仍要堅持輕沉兼備，有上有下，避免飄浮。如手腿上升，而重心下沉，襠部下沉。並且要懂得跳躍震腳的作用，在於加大發勁部位的力度和整體勁。

四、難度大，運動強度大

由於上述三點，此拳與其他快拳區別很大，故有人云二路拳「易學難練」。結合單式鍛鍊。結合意念力鍛鍊，則更艱苦。所謂易學，因有了一路基礎，重複動作多，所謂難練，即難以做到前三個特徵中的特殊要求。正因為如此，所以二路拳的鍛鍊增長功力快。

五、技擊含義更明顯

因為發勁多，易分辨其用意。從第六式搬攔肘用法的分析，可以看得出它的技擊含義比較明顯。但是，不經過詳細分解，仍不能掌握其技法的豐富內涵。

陳氏太極拳第二路前五式與一路前五式名稱、動作、技擊含義均同，故從略。

第六式　搬　攔　肘

總述：

除前五式係第一路拳前五式的重複拳式之外，此式是二路拳的首式，技擊內涵非常豐富。一個式子，兩個動作，三種練法，四種用法，五處可以發勁。《陳氏太極拳體用全書》上是四個動作，但左右各兩個動作相反相同，實際上只有兩個動作。一個是雙手順勢攦，一個是雙手順勢發。三種練法：即跳躍震腳發勁練法，蹉步發勁練法，不動步發勁練法。四種用法：包括敵人出雙手進攻，我用絞截捌勁發之；敵人出右拳擊來，我順勢走右下攦法；敵人出右腳踢我，我雙手抓敵腿摔之；敵人後撤，我回擊，用肩靠、用肘擊、用拳擊，用左腿使絆摔，或用雙手反拿發之，均可。其實，用法還不止四種。五處可以發勁，包括肩靠、肘擊、胯打、前臂下採、雙手（拳）發攦、捌、拿及回擊勁等等。有的太極拳家不知其肘勁內涵，只看到外形發拳擊勁，而擅自把式子名稱改為「搬攔錘」。而忽視了此式肘勁的重要性（讀者注意：二路拳運用肘、膝的地方很多。因為肘、膝是太極拳的重型武器）。還有創編新套路的人

由於不明其技擊含義,把此式動作認為雙拳都甩到右膝(或左膝)外側,而不是一拳在中線,一拳在膝外側。這樣,便給了敵人靠擊自己的機會,違背技擊原則。如此一些錯誤動作,讀者不可不仔細分辨之。

同時,讀者在鍛鍊此式時,還要注意上述二路拳拳理拳法諸特徵的生動體現,如動作一和動作二連起來觀察陳式太極拳欲左先右、螺旋升沉、一蓄一發、往復折疊、輕沉兼備,以及發勁鬆活彈抖、「挨到何處何處擊」等等原則。

另外,第二路拳還突出體現了太極八法中採挒肘靠四法的充分運用。尤其用挒勁(即分勁)較多。肘、膝撞擊和肩胯靠擊勁較多。並且強調以螺旋式的接勁,改變來力的角度,順逆參半,閃展騰挪,化打結合,邊隨邊擊。

搬攔肘一式,不僅充分體現了採挒肘靠的運用,而其中又以發肘勁為主。

現將三種練法(用法)分別介紹如下:

第一種用法:

動作一:

設敵人從我身左側進右步,用右拳向我左胸左肋或頭部擊來。我即乘勢身先向右轉再向左轉,雙手變拳由左前上順纏略外開向右下挒 裡合以採、挒勁截 擊敵右臂,使敵擊我之勁落空,身體前傾失勢。(圖306、307)

動作二:

緊接著我左臂屈肘,乘敵失勢前傾欲撤之機,向敵胸、肋部橫擊。如敵人失勢身前傾斜度大,則我右拳可同時擊敵面部。至於我雙手走圈大小,由敵人右拳來力之高低而

圖 306

圖 307

定。敵人來手偏高，欲擊我上盤，我則雙手掄圓走大圈；
敵人來手偏低，我則走低勢小圈。隨機勢而應變。(圖308、
309)

圖308

圖309

第二種用法：

動作一：

　　設敵人從正面進右步用雙手向我胸部擊來，我身快速先左轉後右轉並略下沉，雙手變拳，左拳順纏、右拳逆纏，用雙絞截勁向右下攦，左拳在腹前橫擊敵右臂；右拳由右膝略前上裡合橫擊敵左臂。

動作二：

如果敵人失勢欲後退，我則快速翻轉以左拳橫擊敵右臂，右拳很快由胸前橫擊敵左臂。使敵雙手擊我之直勁被我雙拳同時向左，再向右橫捌勁截擊而失勢。

第三種用法：

動作一：

設敵人由我身左側進左步，提右腳向我左膝、胯、肋部踢或蹬擊，我即乘勢身快速先略向右轉並略上升再向左轉下沉，雙腳原地跳起再落地，以避敵右腿向我踢、蹬之勢。同時我左手由左眼左側前變拳先快速略逆纏略上揚，再順纏略外開、下沉裡合，以採捌勁向敵右膝下腓骨處擊出，使敵下肢、腓骨被擊失勢身前傾。同時我右手由右眼右側前方變拳，向右下沉至右膝外下，以配合左拳動作，以求動作協調和維持身體平衡，或雙手抓住敵人踢來之腿向右下採捌 。

動作二：

接上動作。我乘敵人右腿被擊失勢、身前傾未變招之機，身體迅速向左側蹉步發勁。同時我雙拳向敵胸前及面部擊出，或配合我左腿套住敵右腿之機用左膝裡扣敵右膝彎，結合上擊，用裡扣外翻之勢，將敵從我左側外摔出。

動作三、四：

動作及技擊含義與動作一、二相反相同，體現左右並用。不論左發右發，都要注意肩、胯、肘、前臂及拳勁兼施。以體現「挨我何處何處發」之拳理。（圖310～312）

以上動作均可作單式練習，練習運用螺旋式的折疊勁（來回勁）、橫捌勁，以破敵人之直勁。即你直我橫，你

圖 310

圖 311

圖 312

橫我直（走螺旋式的直勁，非手臂發直）。以充分體現二路拳採挒肘靠近加膝，而且以挒勁為主的鮮明特徵。

第七式　躍步護心拳

總述：

此式動作三、四技擊含義與一路拳護心拳之動作完全相同。惟動作一、二為新動作、新用法。雙腳騰空，快速向左後轉體，是為了對付身左側之敵人。轉體過程中，要注意雙拳上掄，以手領身，並注意轉體時的肩、肘、手三節勁，以及中盤腰胯勁、下盤之膝、腿勁的全面發揮。讀者還要注意，相對來說，一路拳以身帶手的運勁方式多，而二路拳以手領身的運勁方式多。但從整體上仍要以丹田帶動，腰為主宰。手僅僅起一個「引領」的作用。仍要體現腳蹬地為其力源，丹田、腰胯為樞紐，而手仍然僅僅是發力點之一。以體現太極拳整體作業的功能。

動作一：

接搬攔肘動作四，我剛剛擊發了身右側之敵，另一敵從我身左側偏後進右步，用右拳（或掌）向我身左側肩部、肋部或頭部擊來，我應非常機警地快速略左轉，墊步轉體，迅速將左肘掤起，以應來力，同時，手腕下折放鬆，以備應敵，眼神速轉移向左。右拳也逆纏略向右下鬆沉，備用。此時，如敵來拳（掌）偏下，我迅速以雙手接應，走右下捋勁，使來力落空。乘敵來勁落空失勢，我迅速雙腳騰空，向左後轉體，掄起雙拳下採，向左側之敵頭部、胸部猛擊。騰空轉體時，如距敵甚近，可以一邊將雙拳掄起，一邊要

圖 313

圖 314

圖 315

以轉體之勢，用我左肩、左肘、左胯，靠擊敵人。雙手掄起的另一技擊含義是：如我攌敵右臂時，敵左手向我頭部進擊，我即迅速以左手反拿敵之左手腕，右手拿（按）敵

之左肘反關節,跳起來,加大力量,向左側反擊敵左臂肘。

（圖313~315）

動作二:

轉過身來之後,敵人即在我前方或右側,他以雙手抓我右臂、肘、腕,施推按勁,我乘勢雙拳先掤後向左上引進,使來力落空,同時,我身體下沉,隨即雙腿跳起,左腳落地震腳,右腳向右前蹬

圖316

圖317　　　　　　圖318

擊敵人下肢脛骨，或插襠。此時雙手上引，右腳下擊，從而形成「上引下擊之法」。（圖316）

動作三、四：

與一路拳護心拳之用法同，略。（圖317、318）

第八式　躍步斜行

總述：

此式與第一路拳斜行之不同處，主要在前兩段。此式用法可分作三段說明。動作一、二為第一段，係用欲左先右、欲上先下、雙手一引一進、邊引邊擊之法應敵之術；第二段，即動作三，為雙腳跳躍，以加大雙臂絞截之勁，為臂絞、膝擊相結合的一種摔法；第三段為動作四、五，與第一路之斜行用法相同。

此式三段用法，皆以腰勁為關鍵、為樞紐。開合要快，絞截要纏，手腳勁要相反而相合，才能運用摔法、打法和拿法。此式練習中易犯晃肩之病，讀者一定要注意，肩一晃則氣上浮，反而破壞了下盤的沉穩勁。

動作一：

接上式護心拳，敵人在我身左前方，用雙掌抓按我雙腕，我根據敵人左右手力量之大小、輕重，我雙手一引一進，左手向裡引進，右手向前發撩勁。敵人從而加大力量搌按我右手，於是我右手又收回（引進），而左手則下沉擊敵襠部、腹部。此時，我還可以走左肩靠，與右拳配合合擊，以配合左手下擊之勢。（圖319、320）

圖 319　　　　　　圖 320

動作二：

　　如敵人因失勢而欲撤，於是我再以右手拿住敵之右掌，左臂上挑，可以左肘、左腕背擊打敵之肋部、胸部，還可配合右手下採之勢，走左右上下之斜向捌勁。此時，收右腳，也是為了助長左臂的上掤、上挑以及左肩的靠擊之勁。如距敵人稍遠，我可用左腕背點擊打敵人之面部。(圖 321)

圖 321

動作三：

設我與敵人各出右步

對面站立，敵人用雙手抓住我雙腕或雙手，或我雙手抓住我雙腕或雙手，敵人欲將我雙臂、腕、手絞住，使我轉動失靈而受制。我即乘勢身快速先向左轉上升，再向右轉下沉，左腿先順纏、再變逆纏裡轉向左前之敵右腿後邁步套住敵右腿。同時右腿先逆纏（隨右手上領）屈膝上提，用膝向敵襠內或腹部擊出。如敵避開，我即身右轉，腿收回跳下著地。同時我左手領勁，上翻裡合，將敵右手絞於敵胸前下貼住，使其右臂肘失去掤勁被壓扁，身轉動不靈。同時我右手順纏上領，絞敵左手並向敵面部左側擊去。敵如避開，乘勢領勁快速由中線下沉絞敵左臂手（將敵右臂手壓住，左臂手絞住），再變逆纏向我右側展開，牽敵左臂手，使其雙臂手被絞住壓扁，同時我右手牽敵左手腕，使其身前傾失勢。配合下一動作四：左膝裡扣敵右腿彎和左手向左外下沉外翻之勢，將敵摔出。（322～324）

　　讀者注意，凡是走裡扣外翻之摔法，手腳之勁必相反

圖 322　　　　　　　　　圖 323

圖 324　　　　　　　　圖 325

相合，才可成功，又稱對稱勁，對拉拔長勁，都是這個意思。

作為單式鍛鍊，應著重練習這種雙手上絞、雙腿（膝、腳）下擊之法。上下相隨，快速交替使用，反覆練習，方能奏效。

動作五：

用法同第一路之斜行式。略。（圖 325）

第九式　煞腰壓肘拳

總述：

此式上肢動作，同第一路拳之海底翻花式。不同處：一是先走一個引勁，引而後發，右手先向左裡下引，然後再向右上外翻、再下沉，發挒採勁。左手稱勁。前後也可以發左

肘裡合勁，配合右手走摔法，或擊敵右臂肘反關節。第二個
不同處，即在於雙腳跳躍騰空，轉體，雙腳落地，重心下沉，
以加大右拳、右肘的下採勁，加大腰的旋轉下沉勁。故稱「煞

腰壓肘拳」。所
以，練好此式的
關鍵仍在腰勁的
發揮，讀者在練
此式時要仔細體
驗「緊要處全在
胸腰運化」、「樞
紐在腰，反映到
腕」以及「轉關
在肩，折疊在
腕」等要領在實

圖 326

戰中的運用。陳老師常說：「腰不得勁，全身不得勁。」又
云：「肩出毛病，危及老本；胯出毛病，危及胸腰；上下左
右，互為影響。」

動作一：

　　接斜行。設
敵由我右前方進
左步用雙掌向我
胸部及右肋部施
按勁擊來，我即
乘勢身快速先略
右轉再向左轉下
沉，以避敵人雙

圖 327

掌擊來之勢。同時我右臂手由右肩右側前先快速略逆纏變拳略上揚。再順纏下沉經身右側前用採勁截絞敵右臂手，將敵右臂手截開或絞住，使其勁落空失勢。同時左勾手由左肩左側前先快速略順纏，略上翻，變逆纏裡轉，由敵右肘、腕上裡合、下沉、下採、挒勁截絞敵右腕、肘部，使敵人被截絞受制，身前傾失勢落空。（圖 326、327）

動作二：

接動作一，敵人雙臂手被我雙臂腕、肘以採、挒勁截絞受制失勢身前傾落空。我即乘敵人未恢復身體平衡之機，身快速先略向左轉下沉（蓄勁），再向右轉上升再下沉發勁。雙腳跟蹬地身騰空，向右轉下沉著地震腳發勁。

圖 328

同時我右拳由兩膝中線前快速以逆、順旋轉一圈，以右肘、右拳向敵頭部或胸部擊去。同時，我左拳在左膝左側快速以順、逆纏，由身左側向上翻與右拳形成對稱勁。如敵人失勢前傾，我左拳即向敵人左耳門擊去。我雙臂絞住敵人雙臂，還可以走捔法。（圖 328）

第十式　井纜直入

總述：

　　井纜直入一式，是二路拳中較重要的一個拳式。採肘靠運用全面，而且技擊之法非常精彩和有效。它的技擊層次包括：㈠雙手先引（引中有下採勁），然後右掌左肘同時反擊；㈡右手反拿下採、左肘上挑肘、砸肘擊，同時配合左膝撞擊；接著㈢右手上兜，左臂下採，上下相捌，上下相合，又是一個對稱拿擊反關節的有效捌擊法。每一個步驟都是非常乾脆、厲害的技擊法。特別是動作三，一定要左手快速下採，右手快速掖拿，方可奏效。正如拳式名稱所示：如同用轆轤絞水，水桶入井時，纜繩鬆活彈抖下沉之勢。

動作一：

　　接煞腰壓肘拳式，設敵人由我身右前進右步用雙手抓住我右肘及右腕部，欲施按勁將我推出。我即乘勢身向左轉下沉，右拳先逆纏上翻，變順纏裡合下沉至兩膝前下，施採勁，使敵人雙手按勁落空，身前傾失勢。同時左拳由左耳左側逆纏裡合向左膝外側下沉，以配合右臂肘引進，保持平衡，準

圖 329　　　　　　　　　　圖 330

備反攻敵人。（圖 329、330）

動作二：

接上動作，我乘敵人雙手按勁落空失勢之機，即快速身向右轉並上升，我右拳由兩膝前下順纏向左略下沉，再上起變逆纏，經身左前向上翻，將敵人右腕抓住，向外展開，使敵人身右側露出空間。同時我左拳由左膝外下順纏上翻逆纏變掌至左耳下準備以肘或手擊敵右臂肘或身右側。（圖 331）

動作三：

接上動作，我乘敵右腕被我牽住、身右側暴露出空間之機。我即乘勢身向右轉先略上升再下沉，左腿提膝向敵人右腿後或向敵右胯、右腰撞擊。敵如退右步，我即右手順纏擰敵右腕與出左上臂一裡一外、一上一下交叉，使其處於背勢。同時我左肘（距敵近）上挑向敵頭部右側或右

圖 331　　　　　　　　圖 332

背部擊去，距敵遠，則用
左手逆纏，向敵腹、襠內
或右肋部下插擊出。(圖
332～335)

圖 333

　關於挑肘動作，似乎
違背太極拳拳理，因太極
拳一貫要求是墜肘。墜肘
一為了輕沉，二為了防止
敵人拿我肘部反關節。而
陳式太極拳二路中卻有兩
處挑肘動作。即此式和穿心肘。陳老師解釋：任何事物都不
能絕對化。此乃特殊情況特殊運用，并纏直入之挑肘，我左
肘在敵人身右側後；穿心肘我在敵人前下，此時敵人不可能
反拿我肘關節，故此時挑肘擊其要害，是可行的。此處之挑
肘並且接連一個砸肘左肘自下而上再走一個立圈，用過砸肘
之後，再下沉擊敵人右臂反關節和插襠採擊，快速，一氣呵

圖 334　　　　　　　335

成，使敵人無隙可乘。

第十一式　風掃梅花

總述：

　　此式係一種摔法。以腰為軸，周身旋轉如風車，依靠雙臂一手拿其梢節，一手插入敵人腋下或襠內，一上一下翻絞，靠右腿旋轉後掃，而把敵人摔出。接井纜直入，例如左手插入敵襠部，右手接應並反拿敵右手（類似閃通背之最後動作），然後左手臂向左外上挑，包括左肩和左胯的靠擊配合，右手向右後下採，雙手形成一種螺旋槳式的絞翻，加上右腳向後掃擊敵左腿，從而把敵人摔出。所以，身體旋轉時切忌平行旋轉，應該是活如風車，立體螺旋。但自身功力須純厚，體力過人，方可如同「風掃梅花」般非常瀟灑地奏其神效。

動作一：

　　接上式，敵人右腕被我牽拿，身向左轉，右側半身露出空間，這時我左手向敵人右肋部或腹部襠內插去，當貼近敵身時，左手坐腕逆纏向敵身右側或下部發勁擊出，同時我右手牽敵右腕向我右外上逆纏掤出，使敵右臂肘不得落下救援身右側或下部被擊之勢。我身隨向右

圖336

轉約 90 度下沉，重心偏右。同時雙腿以左逆右順纏，以腳尖為軸，隨身右轉腳跟向左前旋轉平行著地發勁，如距敵近則用左外胯向敵右胯撞擊，左手坐腕發勁擊敵和雙腳跟發勁要同時，勁整，加強擊敵的力量。（圖 336）

動作二：

接上動作，如我左手向敵身右側或下部擊出，敵身略向右轉，左腳向左前跨一步，避我左手擊來之勢，準備變招取勝。我即乘勢身右轉約 270 度先略下沉再上升，重心左、右、左地移換。右腿以腳尖點地向右後划外弧掃擊敵左腿，同時左腿以腳跟為軸，隨身旋轉，同時我右手牽敵右腕繼續逆纏向右外掤出，同時我左手由逆變順纏插入敵襠內，屈肘上翻裡合，將敵用肩、臂扛起離地，配合右手上牽敵人右腕之勁，將敵身扛起離地摔倒，雖然有靠肩扛的含義，但練習時絕不許拱肩。其實主要還在腰的力量。（圖 337、338）

圖 337　　　　　　　圖 338

風掃梅花一式，還有另一種用法。即當井欄直入走最後一動作時，突然另一敵人從我身後攔腰抱住。在敵人尚未抱緊之前，我左右手臂猛然左下右上斜向捯開，分開敵之合力。同時，以左腳為軸，右腿向右掃擊敵人下盤，以腰為軸，靠周身之螺旋勁，將敵人向我身右後摔出。(見一路閃通背最後之圖)

圖 339

第十二式　金剛搗碓

同第一金剛搗碓。接其動作五。(圖 339)

第十三式　庇　身　錘

用法同一路之庇身錘，略。

第十四式　撇　身　錘

總述：

此式以向左側發橫捯勁為主。同樣，先引而後發。接

庇身錘，雙臂一開一合，右上左下絞成一個小圈（注意開
合都要走圈，走弧線，切忌直開直合），下盤向前蹉一小
步，或再加一個開合，再蹉一小步，此乃上引下進，為發
勁做準備，也是為再接近敵身一步，便於更有效地發放。
發捌勁之前，要再有一次蓄勁，即雙臂裡合，然後突然捌
開（合為了開），用前臂（順纏）外緣或拳發勁，擊打敵
人之肋、腹部。故左拳不宜太高，以不超過肋部之高低為
宜。另外，此式還可以走兜法，左右皆可運用。

動作一：

接庇身錘。設敵人由我左側前進右步，用右拳向我左
肘部擊來，或進左步提右腳向我左肋部或腹部踢來，我即
乘勢身快速以腰為主
宰，以左臂手先逆後順
下沉施採勁，化去敵人
擊來之拳或踢來之腳，
使敵擊我之勁被我採勁
截擊落空失勢。同時我
右臂手先順纏略開，後
變逆纏裡合至左肩前，
以保護我身左側；同
時，也可以在左手下引
之時，以右手（拳）進
擊敵之上盤。我蹉步是

圖 340

為了接近敵人，調整距離，以便更有效地發勁。另外，準
備擺敵右臂腕手。（圖 340、341）

圖 341

動作二：

接上動作，敵人擊我之勁被我採勁截擊落空失勢。我即乘敵人未恢復身體平衡之機，快速以右手順變逆攔纏敵右臂腕，同時我左臂手以逆纏變順纏向敵右肋部擊出，雙腳向左蹉步或震腳發勁與雙拳分開擊敵之勁同時完成。勁一定要整，爆發勁要強。如上捌勁與左胸靠勁、再與左膝裡合勁相配合，從而形成上翻下扣之摔法。（圖 342）

圖 342

關於兜法，即我右手拿敵左手略逆纏，將敵左臂拿直，同時我左手伸展到敵左臂肘下，然後我左手走左上外挑捌勁（即兜勢）與右手向右下外之採捌 勁相配合，形成雙手絞錯勁，勁大可以將敵左臂肘部兜斷。不可輕試。左右相反相同，均可做單式練習。關鍵在於雙手發勁必須同時完成，並且必須把敵臂肘拿直再發放，這樣才能有效。

第十五式　斬　　手

總述：

斬手以及下式翻花舞袖均為解脫之法。當然解脫並非消極解脫，而是化解與進擊相結合，邊解脫，邊進擊。接上式發撇身錘之後，我左手被敵人拿住，並施加推按之勁，於是我先向裡下、右前採捌，引化敵人推按之力，走低勢，使敵人來力落空失勢。

我乘勢以左手腕背反擊，並且配合右拳上提，右膝上提，準備與左手合力反擊敵人。我右拳與左掌合力，形成所謂「斬手」之勢，外形似以我右拳擊我之左掌。而實戰中則是我左手反拿敵人左臂，使他左肘反關節突出，以我右拳擊其反關節。或以我展開之左手反纏敵之頸部，以右拳擊敵之左太陽穴部。同時，以膝擊其腹部、襠部。震腳一方面為加大我拳掌之合擊力，一方面可以跥敵之腳，同時也是為求上下勁整。

動作一：

接撇身錘，設我左手腕被敵人拿住，敵人欲使我左臂腕受制而取勝。我即乘勢身快速先左後右旋，左臂拳先逆

纏略上揚變順纏裡合下沉施採攌勁以求解脫左腕被敵人擒拿之勁。力求使敵拿按我之勁落空失勢。(圖 343)

圖 343

圖 344

動作二：

接上動作，設一：我左臂手先逆後順纏施採勁下沉裡合未能解脫被敵人擒拿的左臂腕；但敵人已感前傾失勢，欲調整重心後退。我即乘勢身快速旋轉，左臂腕快速以逆纏向左前上翻，以腕背還擊敵人，同時右拳由右膝外旋轉上翻，經頭右側至左手右上方，準備擊敵拿我之手腕。設二：如我下攌時，我左手解脫，敵人落空失勢欲後退，我即乘勢身快速旋轉，左臂腕快速以用腕背向敵人面部擊去。同時我右拳由右膝外側下向上翻，經頭右側至左手右上方，準備擊敵。同時提右膝擊敵腹、襠部。(圖 344～346)

動作三：

接上動作，設一：如我左臂腕由我前下旋轉後再向左上提翻出，仍未解脫左腕被敵擒拿之勢，我即乘勢身快速旋轉，我左手先略逆纏略上揚，再順纏略向前下沉，使敵拿我左腕

圖 345

圖 346

之手勁散。同時我右拳
快速先順纏略上揚變略
逆纏向敵人擒拿我左臂
腕的手腕以採勁擊去，
使敵拿我左腕的手被我
採勁擊傷而失勢。同時
我右腳乘機向敵人近我
的腳面施採勁下沉跺去
，將敵腳面跺傷。(圖347
)

接上動作，設二：
我左臂腕背部向敵人面

圖 347

部擊去，同時我右拳已翻至左手右上方準備擊敵。敵如身
向右轉，退右步，避開我左腕背擊向面部的點擊，並欲變
招制勝。我即乘勢身快速旋轉，左手先逆纏略上揚，再略

順纏向前略下沉，纏住敵之頸項右側，同時我右拳先略順纏上揚，變逆纏向敵頭左側太陽穴或耳門擊出，形成左掌與右拳合擊敵頭之勢。同時我右腳向敵左膝或腳面施採勁跺擊。這樣上下同時向敵人進攻，務使敵人失敗。

此式用法類似形意拳進退連環中之「截手炮」。不同之處，我所有化打動作皆走螺旋勁。

第十六式　翻花舞袖

總述：

此式與斬手是一連串的解脫法。如斬手我招術施過之後，我左手仍未得到解脫，則採取以走身法來求解脫。當然，解脫之中仍包含擊打之術。即依靠轉體騰挪中雙臂之捌擊、肩靠、肘擊、膝撞、胯打諸法，以解脫敵拿我左腕之勢，此乃用身法（即大本營）運化解救梢節失勢之術。

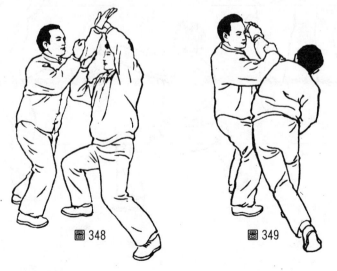

圖348　　　　　　圖349

動作一：

設上式斬手仍未解脫被敵人擒住的左手腕，我身即快速向右轉約 45 度，重心移偏左。運用抖勁，左臂先逆後順纏放鬆，右拳以逆、順纏合於左肘彎裡略上。這是為了解脫被擒之左腕，而運用「欲左先右」、「欲開先合」之法。也是一種「你要我給，要多少給多少」欲要先給之法。左手可以發撩擊勁。（圖 348）

動作二：

接上動作，身快速向左轉約 180 度，重心移偏右，雙手

圖 350

圖 351

以雙逆纏運用左上提，右下斬（上下捯法），我右手可向敵人擒我左腕之手腕、肘部或胸、腹等部斬出，以求解脫被擒的左腕。（圖349）

動作三：

接上動作，如在上提下斬時還不能解脫被擒住的左腕，這時就需要繼續向左旋轉，以身軀翻轉騰空躍起約180度，進一步在轉體中運用肩靠、肘擊、膝撞、胯打諸法求解脫。雙手領勁先以左逆右順纏將身帶起翻轉之中，一旦手被解脫，我即乘勢以雙手向敵人頭部或胸部劈下。（圖350～353）

此式還有一種技擊含義，當我通過第一、二動作，左手腕已得到解脫，此時另一敵人在我右後從下盤掃我腿腳

圖352　　　　　　　　　圖353

，我急轉體騰空，避其橫掃勁，翻轉過來雙手向下劈欲身後之敵。

第十七式　掩手肱錘

與一路閃通背後接之掩手肱錘用法相同。即當我雙手下劈之時，如被敵人雙手抓住，我走下沉分挒勁，雙手掤開敵人雙手，使敵人中盤暴露，我乘勢雙腳蹬地，身騰空，雙手迅速再向敵人頭部雙耳門，或雙手交叉向其胸部進擊。也是一種先挒開後合擊的技擊方法。

其他動作，同前掩手肱錘，略。

第十八式　飛式拗鸞肘

總述：

此式類似一路之玉女穿梭，不同之處，此式最後（動作三）發一個左手攔截與右橫肘的合擊勁。故又稱「腰攔肘」。前兩個動作，主要是對付正面多人圍攻我的形勢，依靠衝右拳、劈左掌、蹬右腳、跨左腿，轉體之中又可以走肩靠、胯打、上下配合，發出一種螺旋式的周身掤擊勁，體現太極拳「挨到何處何處擊」、「觸處成圓」、「周身都是手」的渾圓功力。轉體落步之後，又一個開合，以左手與右肘合力，擊其肋，擊其肘反關節，均可。讀者還要從動作一的蓄式中體驗蓄發並用的含義。

動作一：

蓄勢，如我被三人包圍，我欲擊前方敵人，解脫包圍，

圖 354

欲前先後，先退後蓄勢，這是攻擊敵人前的準備。其實，
此動作也可作為發勁用。如接前式掩手肱錘，我出之右拳
腕被敵人右手拿住，並向我還擊。此時，我右拳引進，同
時我左肘裡合，正好可以左肘打敵人右肘反關節，並可提
膝可擊他中下盤。（圖354、355）

圖 355

動作二：

接上動作，我左腳向前邁大步蹬地身騰空，右拳向前方敵人面部擊去，在身隨拳騰空旋轉未下沉時，左手臂逆纏由左肋經胸前向左外之敵耳門劈去，然後身下沉雙腳著地上下相合。這是衝出重圍、聲東擊西、指南打北之法。同時，在轉身時，走肩靠、胯打之法。（圖 356）

動作三：

接上動作，我身騰空旋轉以右拳及左掌將前方及左側敵人擊退之後，雙腳著地以右肘向我原來右側敵人胸、腹等部擊出，並以左掌合擊之。（圖 357）

圖 356　　　　　　　　圖 357

此動作又稱「左攔右截之法」。還有「左採右截」之說。即轉過身來之後，我左手採住前面敵人擊來之左手，反拿之，右肘發橫擊勁，可以擊打敵人左臂肘反關節。如此時，我以左腳套住敵人前腿，或插襠，還可以走摔法。

練習單式，可以左右肘發橫截勁交替練習。

第十九式　運手（前三）

總述：

十九式（前三）、二十一式（後三）一左一右，皆為運手，前三，是向右打；後三是向左打，動作相反，用法相同。讀者只需留意一下其連接動作用法之含義即可。

動作一：

接飛步拗鸞肘，我以右肘向左敵之胸、肋、腹部橫擊，敵右轉退右步，含胸坐腰，避開我右肘橫擊之勢，並欲變招還擊我。我即乘勢身快速向左轉約 45 度略上升，左手臂上掤，向敵面部擊出，同時右手順纏向敵人胸腹等部擊去。

動作二：

設我剛剛將敵人擊倒，另一敵人從我身右側進左步用雙掌向我右胸部施按勁擊來，欲將我擊倒。我即乘勢身略向左下沉，左手繼續逆纏上掤領勁，同時右手繼續順纏領勁引進。使敵人雙手按勁落空。同時我右腿逆纏屈膝，腳提起向右側敵人左腿襠內或腿後邁步，運用上引下進之法，準備將敵摔倒。

動作三：

接上動作，設我右腿插向敵人襠內或腿後，視距離遠近，運用肩靠、肘擊或右手向敵胸、面、肋等部擊出。如敵退左步，身向左轉，避我進攻之勢，我即乘勢左腳向右腳後插步，準備用右腳橫向敵人右腿膝下脛腓骨踩割擊

去。

動作四：

接上動作，設我用右臂、肘、手及左手向敵面、胸、腹、肋等部擊出，敵人退左步，身向左轉，避開我右手進攻之勢，同時乘機用右手捋我右腕，並用左手管我右肘，乘機用雙手施按勁向我右胸肋推來，欲將我推倒。我即乘勢身向左轉約 90 度，重心移左，同時左手逆纏上掤向左前上領勁，右手臂肘懸臂下沉引進，使敵人雙按勁落空，身前傾失勢，同時我右腳向敵人膝下踩擊。（圖同一路運手，略）

第二十式　高　探　馬

總述：

此高探馬式，不同於一路之高探馬，而略似一路之第二個三換掌。接前運手動作四，當我雙手向左後擊發左前之敵時，右前方另一敵人出右拳向我衝來，我迅速右轉身，以右手掤出接應來力，然後採拿敵右手腕引進，我左手進擊；敵左手阻擋我左手進擊之勢，我左手再乘勢引進其左手，右手擊出。右手再次收回，左手再次出擊時，右膝提起，配合左手進攻，以右膝擊敵人襠腹部，形成上下合擊之勢。

動作一：

接運手動作四，設敵人由我身右側進右步用右拳向我右耳門擊來，我即乘勢身先向左轉，避開擊來之拳，同時我右手由腹前逆纏上翻，由敵右臂外側捋敵右肘腕部，借

其來勢向我身下引採，使敵身前傾失勢。同時我左手變順纏外翻，經頭左側向敵人右耳門或面部、頸部用掌外緣橫擊。(圖 358、359)

圖 358　　　　　　　圖 359

動作二：

接上動作，當我左手向敵人頭右側耳門及頸部擊去時，如敵人低頭或閃身避開、並欲變招勝我。我應即乘勢快速身略向左轉，左手快速逆纏下沉裡合，採截敵人右臂，使其右臂不得收回變招，同時我右手由胸前快速逆纏上翻向敵人面部或胸部擊出。或者、當我左手進擊敵上盤時，敵出左手捌我左手，於是我左手引進，右手再出擊其胸部。(圖 360)

動作三：

接上動作，我右手向敵人胸部擊出時，如敵人用左臂手或右手截我右手擊去之勢，並欲變招勝我。我即乘勢快速身

圖 360　　　　　　　‥ 圖 361

向右轉，重心全部移到左腿，同時我左手由胸前逆纏上翻向敵人面部及胸部擊出，同時我右膝、腳提起，可向敵襠內腹前撞擊或踢去，使敵上下被擊。(圖 361)

第二十一式　運手（後三）

總述：

此式動作及用法，皆同前運手。只是前進方向左右手法相反相同，但其連接動作的用法卻有新的含義。

動作一：

接高探馬，當我左手還擊左前敵人時，前方另一敵人上左步，出右拳，向我頭部或胸部擊來。同時提右腿擊我下部。我即乘勢身快速右轉下沉，右腿震腳，左腿逆纏向敵右腿後套去。同時，右手上翻由敵右臂肘外側上方，將敵腕抓住或掤出；同時我左手順纏下沉裡合由敵右腿外側

截擊敵人右肋部，或橫截敵人踢我之右腿。（圖362）

動作二：

接上動作，設敵人被我右手上掤左手將其右腿截擊，身向左轉後傾失勢，如我還不想放過，即乘敵人未變招之機，身快速先向右再向左轉，重心由右變偏左。視距敵遠近酌情用左肩、肘、手向敵人肋部、右肩、頭部捌擊。同時右手先逆後順纏，外開下沉裡合至腹

圖362

前，配合左手，以備左右交替使用。此時，右手也可以橫切敵人之肋部。我右腳向左腳後插步，腳尖點地，又叫做偷步，是以進腿變化虛實，準備運用摔法。

動作三：

設敵人由我身左前方進右步用雙掌施採勁向我左肋擊來，欲將我擊倒。我即乘勢身向右轉，重心變右，左腿逆纏裡轉，屈膝上提，用腳向敵人右膝或右肋部踢去。同時右手由腹前逆纏上翻，將敵右臂、肘、腕向我右側前上掤出，用左臂手下沉裡合以採、捌勁截擊敵右臂腕，使其雙手勁落空身前傾失勢。這是運用右上掤、左下擊，或左臂手截化，出腿擊敵，使敵人上下難於兼顧。

第二十二式　高　探　馬

用法同一路之高探馬，略。

第二十三式　連　環　炮(一)

總述：

根據陳照奎老師講，沈家楨、顧留馨先生合編的《陳式太極拳》將此式名為連珠炮，而把第五十八式名為連環炮，把兩個名稱弄顛倒了。此式應稱作連環炮。

連環炮，又叫「鋪地攦」、「貼地攦」。實為陳式太極拳之大攦法。此式主要鍛鍊一種低勢採攦勁。本著欲前先後、欲上先下的原則，先掤後攦，向後下攦之後又變前按。按後再變掤，再變攦，再變按，往復折疊，交替練習。根據逢上必下，逢前必後的對稱原則，手向前上掤出時，左腿後撤，腰下沉，上下、前後對稱相合。撤步時上下前後相合；而收步時，又是上下左右相合、發按勁時，又是一個開勁。從而又體現了開合相寓、開合互變、開中有合、合中有開的要領。同時，在開合變化中還要注意胸腰折疊勁的運用。另外，此式前進後退，都要側身而行。雙掌推出時，左掌略立，右掌略橫，形成手上的合勁。整個式子的動作都走低勢，難度雖大，但易出功夫。

此式，在二路拳中列為三個式子（即第二十三、二十四、二十五式連環炮一、二、三）。說明此種用法之重要，要求反覆練習。三個式子，動作用法相同。只是連接處，

有其不同的含義。

連環炮㈠的用法（分三段）：

第一段：

接高探馬之開式（即接一路高探馬動作三）。設敵人由我左側以左手抓住我左腕部，以右手管住左肘關節，雙手用按勁、採勁，向我左胸部推來。我即乘勢身右轉下沉，重心略偏右。同時左臂手懸臂順纏引進，右臂手配合逆纏向右膝外下沉，使敵人雙手勁落空失勢。（圖363）

圖363

第二段：

如我不欲放過敵人，身快速向左轉，先雙手上掤，腰下沉，同時左腿向左側後撤一大步，然後我左手乘敵人失勢勁斷，逆纏裡勾腕，順勢下沉變擺　至襠前變逆纏上提抓住敵左腕。同時右手翻至敵左肘外側與左手配合向左側外擺　敵左肘腕，使敵人左肘腕被我雙手採擺　，身右轉向前傾失勢。（圖364、365）

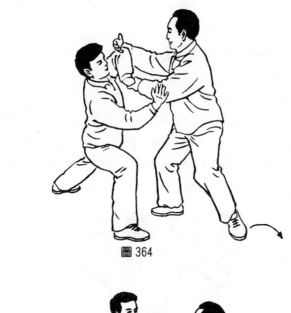

圖 364

圖 365

第三段：

如我還不欲放過敵人，身先略上升再略下沉，右腿先
逆纏，屈膝提腳收回再蹬出，同時左腳尖擦地隨右腳向右
側前逆纏上步以腳跟頓地發勁。同時我雙手即乘機以右肘
尖或雙掌向敵胸肋等部擊出。（圖366～368）

此式另一種技擊含義,是當敵人從我前面雙手將我摟住,欲將我抱起摔出。此時,撤步、塌腰,雙手合勁以腕背向前上擊敵人之下頦面部,從而解脫。(圖369～371)

再一種用法,如敵人以左手向我進攻,我雙手抓住敵

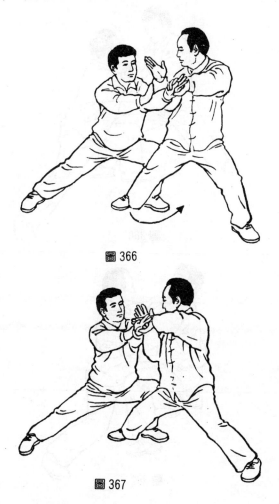

圖366

圖367

人左前臂，管住其左肘部，走左下攦式，當敵人失勢前傾時，我再以雙掌猛擊其胸部、腹部，如他低頭，我則雙手擊其頭部。

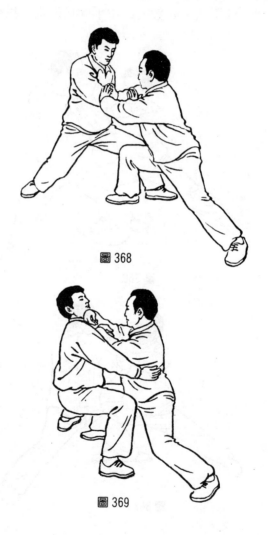

圖 368

圖 369

　　在運用此式用法時，讀者應注意，先掤後攦，前發後塌。發雙掌前按勁時，應注意先走肘，再走掌。（實戰時，用掌用拳可以隨機變化）

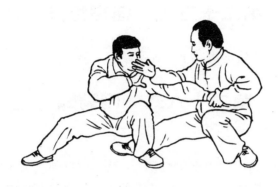

圖370

圖371

第二十四式　連環炮㈡

第二十五式　連環炮㈢

以上兩式皆同第二十三式連環炮，略。

第二十六式　倒騎麟

總述：

此式原名「張果老倒騎驢」。係一種打前防後，擊前打後，運用旋體之勢，對付前後敵人。特別是鍛鍊在一腿支撐的情況下，運用兩手和左膝迅速迎擊前後敵人，是一種特殊的技擊鍛鍊。也是一種腰部功能的訓練。

動作一：

接連環炮，設敵人由我右側前方進右步用右拳向我右胸擊來。我即趁勢右手上翻由敵右臂外側抓住敵右腕。我左手也配合由順變逆纏，管住敵人右肘關節，上翻裡合，與右手合成一圈，使敵右臂肘腕受制，身向左旋轉傾斜，處於背勢。（圖 372）

動作二：

接上動作，敵人右臂肘腕被我纏住，身左轉傾斜，處於背勢。如我還不想放過敵人，即乘勢身右轉 90 度，兩腳拗步變成右實左虛，同時雙手變逆纏向我身右側外掤，並以左手粘連敵人右肘關節旋轉不放，略向其腕部移動，

繼以左肘施捋勁橫擊敵右肘關節使敵右肘被擊身傾失勢。
（圖373）

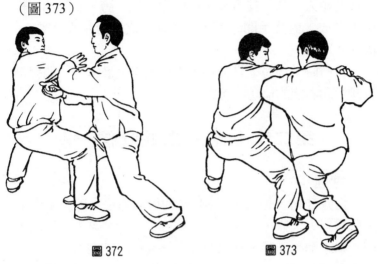

圖372　　　　圖373

動作三：

接上動作，敵人右肘關節被捌擊身左傾失勢，如我還

圖374

不想放過敵人，即繼續
向右轉，同時我右手向
右牽敵右腕，使其右臂
被我捌勁牽住不能收回
變招。同時我左手及左
腳提起，向敵人面部及
右肋、右肘或右胯出擊
，或左腿用裡合腿用腳
向敵人後心踢去，形成
左手引、右掌擊之勢。
同時左腿屈膝裡合上提

，是為了對付前後左右之敵，轉身是為了對付身右側、身右後的敵人，利用裡合膝，撞擊敵之腰、胯、肋等部。總體上形成上盤雙手開，而下盤膝裡合之開合相寓之勢。（圖374）

轉體時，切忌上身搖晃，否則周身勁散無力。關鍵仍在腰勁和右腿的椿功的功力如何。

第二十七式　白蛇吐信㈠

總述：

白蛇吐信，是一種採挒勁的鍛鍊方法。即一手向前上刺擊對方上盤，一手下採（或向下引化）來力，形成下引上擊之勢。同時，其過渡動作，又是一種右上左下（接左上右下）的斜向分挒勁，將對方雙手合力挒開，然後又一合，我再進右掌穿刺其咽喉部位或胸、肋等部位。邊化邊打，邊引邊進，先開後合，合而又開。練此式時讀者應注意：第一，穿掌發勁時，或掤挒開對方雙臂時，都要走螺旋勁；第二，穿掌前要提左膝，即

圖375

圖 376

為護自己襠部，又可用膝撞擊其中盤，形成手膝並用之勢；第三，穿掌既可用掌也可用拳。實戰時靈活機動。

動作一：

接倒騎麟，向左前蹬擊時，右後敵人以右拳進擊。我迅速轉過身來，乘勢以左手迅速掤住敵人右手，並反拿其腕，下沉，走左下採挒勁，將敵右手來力截化，採挒至我身左側外，同時，我左腿上一大步，右掌向敵人咽喉穿擊，並且以右腳跟步、頓地、配合右掌發勁。（圖 375～378）

當接倒騎麟轉過身來時，還可以左膝撞擊敵中盤。

第二十八式　白蛇吐信㈡

（接上式）我剛發出右掌之穿刺勁，敵人以左手掤截我右掌，避開我進擊之掌。我右手乘勢先將敵左手向右上挒開，然後借敵人左手向我掤截之勁，我右手臂突然引進（同時，可以採拿敵人左手），至我腹前，同時，左手揚起擊敵面部。我左膝再提起以配合左手撞擊其襠部。（圖 379、380）

圖 377

圖 378

圖 379

圖 380

　　此時，如敵人右手掤截我上擊之左手，我左手再採拿
其右手，下沉，走採挒勁，我右手再次以指尖穿擊其咽喉

部。一個循環，為一次「白蛇吐信」。下盤上步、跟步、發勁，同第一個白蛇吐信。

另一種用法，即我右手接敵右手，反拿其腕部，拿至我胸前，再提左手擊其面部或右肘反關節，再採化敵右臂，騰開我右手穿擊其咽喉。

第二十九式　白蛇吐信㈢

同前，略。

第三十式　轉身海底翻花

總述：

此式用法，與一路之海底翻花式相同。惟連接動作不同，用法也不同。一路海底翻花，是雙拳先合於腹前，再轉身發勁；此式則是接白蛇吐信，雙掌變雙拳，先右上左下捋開，轉身時再合。

動作一：

接上式白蛇吐信，我向前以右手指尖向敵人咽喉插去，此時，另外一個敵人由我後面進步用雙手施按勁向我雙肩或後心擊來，我即趁快速先向左轉，雙臂捋開（為了轉身合），再向右後轉，左腿先順後逆纏，以腳跟為軸，腳尖裡轉後，五趾抓地。右腿先逆後順纏屈膝上提。同時右手變拳以逆、順纏領勁以捋、採勁向身後敵人右臂、肘、頭右側擊出，再下沉，同時右膝上提向敵腹部撞擊。同時我左手變拳以逆、順、逆纏從左胯外側向左側開，再上翻

裡合，以維持身體平衡，或向敵右耳門擊出。或雙臂用絞截勁走摔法（敵人抓我雙臂時）。（圖381、382）

圖381　　　　　　　　　圖382

另外，敵人從我身後摟抱我腰欲用摔法時，我也可運用此式用法，先身下沉，雙臂捌開，以右肘向右後擊，再轉體解脫，再以拳採擊。

讀者鍛鍊此式時，如貼近敵人，要特別注意「轉身肘」與「轉身膝」配合的用法。

第三十一式　掩手肱錘

技擊含義與第一路第四十三式之掩手肱錘完全相同，略。

第三十二式　轉身六合

總述：

轉身六合一式，係採取忽開忽合的技法，以求在開合變化之中順勢借力，造勢借力。開為了合，合為了開。合也是為了打人，開也是為了打人。此式與下邊「裏鞭炮」是一類用法，都是在一卷一放之中借力蓄力，借力發力。不同之處，兩式比較，此式是小身法，開合幅度較小，「裏鞭炮」則係大身法，大開大合。兩式連起來練，有利於開合勁的全面鍛鍊。但讀者要注意：㈠或開或合，都要在螺旋中進行，切忌直線掰開，直線交叉。㈡四肢開合與胸腰開合相配合、相統一。而且強調胸腰開合帶動手腳的開合。這些要領都是陳式太極拳技擊術的重要特徵。

動作一：

接掩手肱錘，設敵人在我正面，左腳在前，以雙手抓住我雙腕，右手將我左手腕扣於我左肋旁。左手將我右腕抓住向我右前方引，欲變招勝我。我

圖383

即乘勢先略向左轉再向右轉下沉。同時雙拳先逆纏略外開
引化敵人雙手抓我雙腕之勁，使其雙手勁減弱或處於背動
。然後我雙拳繼續雙逆纏裡合，以左臂肘逆纏截敵右腕，
並乘機以肘向敵人胸部擊去，如距離稍遠，則用下採勁以
左拳向敵襠內採擊。同時我右拳上翻裡合向敵右耳門合擊
，如距離人稍遠，則用右拳裡合上絞敵人左臂，使其抓我

圖 384

圖 385

右腕之手被絞截而
處於背勢。這樣我
運用右上絞，左下
採，上下合擊，使
敵被擊傷或處於背
勢。此處合時，還
可以發左肩靠，即
所謂「引中有靠」。
如敵人抓我肘彎

部，我還可以合肘之力絞拿敵之手。(圖383～386)

　　動作二：

　　接上動作，敵雙臂腕手被我絞擊而處於背勢，如我還不想放過敵人，我即趁勢身微右轉，重心偏右再移左。同

圖386

時雙拳先下沉施採勁（上下相合），再向左右分開敵雙臂，使敵胸腹部暴露而處於背勢。（圖387）

　　動作三：

　　身先略向左轉再右後轉，重心由右移左。左腿先順纏外轉，再逆纏裡

圖387

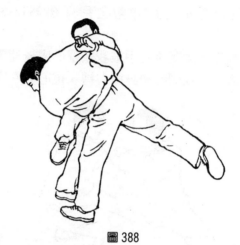

圖 388

轉。右腿先逆纏裡轉再順纏外轉（右腳蹬地，重心移左）
，屈膝裡合上提，向敵襠撞擊。同時我雙拳由兩側先略上
揚雙逆纏變雙順纏略外開並略下沉（這是為了加大合擊敵

圖 389

人之力量)，再隨身右後轉，突然略上升裡合，向敵兩肋
、腰兩側合擊。邊轉體，邊合臂，邊合擊。在提膝轉體時
，右腿還可以掃擊敵人之左腳。(圖388、389)

　　轉體有兩層技擊含義，一是為了擊打前方之敵，一開
一合一旋轉，靠轉體時肘、膝、拳的螺旋捌勁擊打正面之
敵人；二是為了轉過身來以右肩、右肘發螺旋後靠勁，擊
打身後敵人。

第三十三式　　左裹鞭炮㈠

　總述：

　　此式只有兩個動作，一合一開。動作一是合，是蓄勢，
雙臂交叉逆纏裡合，下沉，是「裹」，是「卷」，一定要合
緊，卷緊。言為「蓄勢」，是與下個開的動作相對而言。
其實雙拳、雙臂交叉裡合下沉之勢，也是一種絞截敵雙臂、
進擊敵胸部之技擊術。動作二，則是開，是放，是發勁。
發放時，要做到周身放勁，如突然抖開鐘錶發條，又鬆又
有彈性，故稱之為「鬆活彈抖」，胸、背、胯、膝、肩、
肘、手都可以發勁，挨到何處何處發。當然，雙臂開時，
以走橫捌勁為主，主要是捌擊敵人之兩助。故雙拳捌開時，
不宜過高。並且強調開合都走螺旋勁，逆合順開。所以這
一合一開兩個動作。如同裹爆竹和放鞭炮兩個步驟一樣，
裹得越緊，鞭炮燃放時則越響，爆發力越大。

　　反過來說，開又是為了合。如敵人抓住我兩臂施按勁，
裡合勁，我兩臂展開，為了加大敵人的裡按裡合勁，於是
我突然借用敵人這種裡合勁，雙拳、雙臂交叉，向前下沉，

以雙拳、腕背、臂肘擊打敵人已暴露之胸口，以及腹部。所以說，開為了合，合為了開，合、開都可以打人。此乃太極勁之陰陽妙用也。

　　此式在用法上是多種多樣的，讀者可以細心體悟，除了上述用法之外，還可以雙拳左右開弓，左右跨步，對付多人圍攻；一合一開，還可以解脫敵人之摟抱等等。

　　另外，蓄勁時，要注意丹田氣下沉，內氣蓄足，然後內氣走襠，走命門，氣貼脊背；放勁時，內氣鼓蕩，丹田帶動，勁走三節，節節貫串。拳論云「聚如嬰兒，發如悶雷」，「周身柔軟似無骨，忽然放開都是手」。此式體現最為清楚。（圖 390、391）

圖 390　　　　　　　　圖 391

第三十四式　左裹鞭炮㈡

　　總述：

　　此式如同上式也是一裏一放。動作一、二、三連接起來，接上式動作二，雙拳由「開」變為雙手向前上交叉雙逆纏下沉合，同時將右足提起下落在左足的左側前邊震腳，使雙拳交叉向裡裏起來。這又是一「裏」。此時雙臂裡裏，具有下沉勁，脊背亦須掤勁，作到氣貼背，使周身具有十足的蓄勁之勢。接著快速以腰為主宰結合丹田帶動，雙拳虛握，快速地先雙順纏向前放鬆，再雙逆纏向裡

圖 392　　　　　　　　　圖 393

略偏右下沉，結合胸腰折疊開合旋轉，再向左右兩側並微向後發出挒勁，同時雙腳向左側蹉步發勁，這又是一「鞭」。（圖 392～395）

　　這是一個既是「走」，又是「攻」的以一人對付多人的群戰拳式的技擊方法，在敵群中，可快速連續發勁，尋隙向左右之敵進攻。

　　關於丹田內轉與此式的開合關係，應該是：合時，丹

田向裡後右轉；開時，丹田向前左轉；定勢，再向右略轉。
胸腰也如此右左右往復折疊運化，此可謂「一波三折」的
彈抖勁。

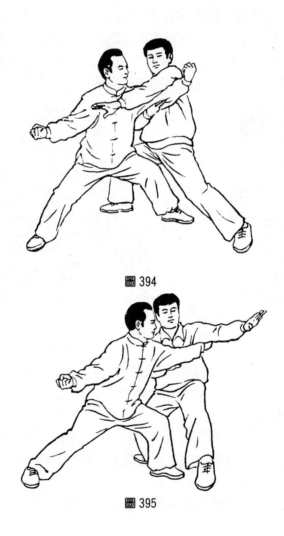

圖 394

圖 395

第三十五式　　右裹鞭炮㈠

總述：

　　右裹鞭炮㈠、㈡兩式，均同左裹鞭炮。為了標示此式的重要功能，要求讀者多次練習。一種技擊法，列為四式。「左」「右」之分，係按原來站的方位而言，其實前兩式向左打，轉過身來，也仍是向左打。

此式區別於左裹鞭炮者，即多一個向左後轉體動作。即動作一：本著欲左先右的原則，在向左後轉體之前，身先向右轉，也是一種蓄勢，或引勢。如左後敵人按我展開之左臂，我先右引，再向左右發；或敵人雙手抓我雙臂，我雙臂先邊合，邊右轉，將敵人雙臂絞住，再向左後發挒摔勁。左腿隨轉體向左後橫掃半圈，是為了橫掃敵人下盤，破壞其根節，與雙手配合，上下相合，上合下開，橫摔敵人更為有力。（圖396～400）

圖396

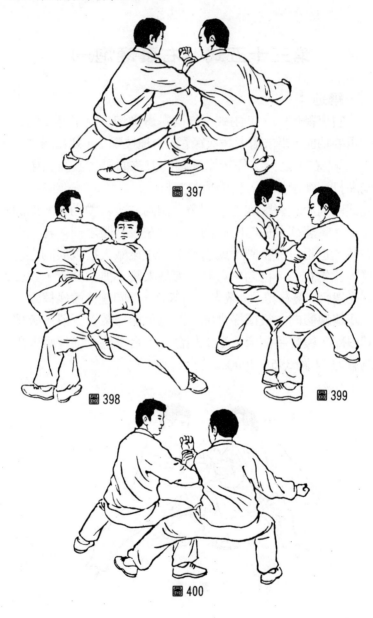

圖 397

圖 398

圖 399

圖 400

第三十六式　右裹鞭炮㈡

總述：

此式與三式基本相同，惟可以練習橫向跳躍發勁，向左橫躍時，要表現出沉著不浮，輕沉兼備，邊躍邊攻，一裹在跳躍中完成，腳一落地馬上開，不可斷勁。跳式練法，是為了邊躍邊打（包括靠、挒、肘、拳諸勁），對付眾多之敵，以跳出重圍。

第三十七式　獸頭式

總述：

此式又是一個退中有進，化中有打的拳式。雙拳一引一進，手腳一進一退。退右步出左拳，退左步出右拳。而且要求退步頓足與拳臂發勁完全對稱一致，胸腰運化如龍似蛇，而手足上下發勁完整一氣。其技擊含義總的講，是敵人抓我雙手腕，來勢凶猛，施推逼勁。我被抓之雙腕，根據對方雙手來力大小之不同，化一個，進一個，一收一放，一引一擊，同時以退為收，上下配合，步法是退，手法是進。從外形看，使敵人感到我在退卻，但我心中有數，而是步退拳擊，而且往回撤退的腳走裡弧，為了勾掛敵人的前腳，使其失去平衡，而趨背勢。但自己一定保持退步沉穩。上盤發拳有力，而且皆走螺旋纏繞之勁，解脫敵人的抓拿與發力統一於一個螺旋動作之中。正如陳鑫所云：「虛籠詐誘，只為一轉。」當然轉的總樞紐仍在胸腰。

動作一：

設敵人以雙手抓住我雙手腕，而且距離很近，這時我即乘勢身快速先向左再向右轉，重心先右後左。雙手先雙逆纏分化敵人雙手臂，再變雙順纏，以右拳自敵左腕外側纏繞其腕部，使其左手背被我纏截處於背勢。同時我左拳由肋部屈肘順纏至腹前，使敵右手背被我纏截失勢。這時我右手臂順纏下沉收回，使敵身前傾失勢，同時我左臂肘、拳由我右臂上向敵人面部、胸部擊去。同時我右腳順纏退後一大步，腳跟頓地發勁。這是以退為進，以守為攻的擊敵之法。凡是與敵距離過近時，均可退一步，同時以一拳或雙拳向敵人胸部、面部擊出（此處敵若抓我左腕，用法相同，左手被抓，右拳掤擊，以解脫左手。同時，右手被拿，左手發勁，以解脫右手）。（圖401、402）

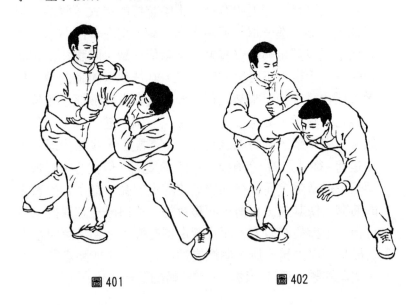

圖 401 　　　　　　　　　圖 402

動作二：

設我退右步以左拳向敵人胸部、面部擊去，被敵人施採勁截斷，敵人欲變招勝我。我即乘勢，身快速先向右再向左轉，重心由左變右，我左拳先逆後順收回至腹前，右拳同時由左臂拳上向敵人胸、面部擊去。同時我左腳走裡弧，向左後退一步，頓步發勁（將勁力反射到右拳上）。這還是調整距離、以退為進的擊敵之法。（圖403、404）

圖403　　　　　　　　圖404

另外，讀者注意，向前發拳勁時，用意不只在拳，而且包括拳、腕背、前臂和肘的勁力，所以，發出之前臂一定要保持半圓。

第三十八式　劈　架　子

總述：

所謂「劈架子」，其含義本來包括下勢「第二個翻花

舞袖」。此式係挑擊法，下式為劈擊法。左上挑、右下劈，
又是一組對稱拳式。此式又與一路之「野馬分鬃」相呼應。
都是一種分挒勁。一手前上挑挒，一手後下採挒。野馬分
鬃一般不發勁，此式則必須發勁。而且大開大合。練習者，
往往注意其發勁，而忽視其合勁，讀者注意，在發放左臂
挑擊勁之前，必須走一個「合中再合」的合勁，發放時才
更脆、更猛、更有力，可做單式左右反覆練習。

動作一：

接獸頭式，設敵人由我前方進右步用雙掌向我胸部施
按勁擊來。我即乘勢身快速先略向左轉再右轉下沉，重心
移偏左。同時雙拳變掌先雙順纏右上、左下掤挒開，以試
探對方的勁路，也可以走右手撩擊，左手引進。然後再變
雙逆纏，左手上掤敵右臂，右手下沉截分敵左臂，同時略

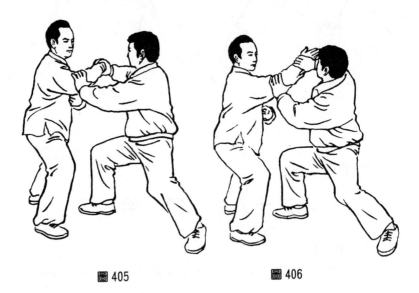

圖 405　　　　　　　　　圖 406

收右腳，備用。使其敵胸前中部露出，我再乘勢變招取勝。
（圖405～407）

圖407　　　　　　　　　圖408

動作二：

接上動作，設敵右臂被我左臂手掤起，如敵右手加大對我左臂的按勁欲將我推出取勝，我即乘勢身快速向右轉下沉，我左手順纏裡合下沉，引來力至兩膝前，使敵左手按我之勁落空而身前傾失勢，我右手逆纏上翻裡合至左肩前。一是保護我部左側，同時可用撲面掌向敵面部出擊，形成左手引、右手擊之勢。同時我雙腳右先左後蹬地跳起，右轉下沉，以左腿插襠或套敵右腿外側，視情況準備乘機擊打或翻摔。（圖408）

動作三：

接上動作，設我已接近敵人，如仍未近敵身，我可以再加一個小蹉步，同時雙手也再走兩個小圈，再蓄一次勁。然後，如距離已貼近敵身，我就用左肩向敵胸、肋、腹部靠擊

圖409　　　　　　　圖410

；如我左腿已套敵人
右腿，則可以左膝裡
扣，左肘外翻，走裡
扣外翻之摔法。距離
若稍遠，則用我左手
及前臂挑擊敵下頦。
如我左手下沉上挑
時，已插進敵人襠
部，則走撩襠或挑摔
法。（圖409～411）

圖411

　　讀者注意，動作
二與動作三連接處，即左臂向右前下引、右臂向左前上合，
雙臂交叉後，在發勁（動作三）之前，要再加一個「合中
之合」的合勁，即卷得再緊一點，然後再發放，則發勁效
果更佳。

第三十九式　翻花舞袖

總述：

　　此式與上式劈架子相呼應。如作為連接動作，即設上式當我挑擊敵人得勢也好，失勢也好，可以緊連運用此式擊法。如我得勢用挑擊法，或用上挑捌、下裡扣（上翻下

圖412

圖413

扣)之摔法,將敵人打翻在地。我可以跳起來,調整步法。雙掌再向敵人劈擊,一挑一劈,可謂連環擊法。又如上式挑擊我失勢,我可以跳起來,調整步法,再自上而下向敵劈砍,即乘我上挑、敵人下沉之勢,迅速將身法調整過來,順勢向下劈擊,或可轉背為順。

具體動作用法分解:接上式劈架子,設敵人在我右前,左腳在前,以雙手抓住我右臂肘,施按勁欲將我推出。我即乘勢左手先略逆纏上掤使敵判斷失誤(欲下先上之意),再順纏裡合下沉,走攦引勁,使其按勁落空,我即乘勢雙腳蹬地,身騰空跳起,雙臂手經身右側及頭右側上領勁上翻,向敵人頭部及肩背等部下沉劈砍,同時發雙震腳,以助手臂之勁。(圖412、413)

第四十式　掩手肱錘

同前,略。

第四十一式　伏　　虎

總述:

伏虎一式與下式抹眉紅,從總體講是相呼應的一組技擊法。伏虎為抹眉紅的蓄式,蓄而後發。如靈貓捕鼠,在它前撲之前,有一個收縮式的蓄勢。抹眉紅之技擊用意於衝出群敵包圍,此式即為猛衝前的準備。當然,一些具體的細小動作,還有它的具體用法含義。比如其動作二,雙臂沉翻動作,就含有三層用法的含義:第一,右拳下沉外

翻，含有右拳肘捌擊敵人胸腹的含義；第二，我左臂裡合，
又含有向敵右側面部、肩部、後心擊打的含義；第三，我
左臂裡下合、右臂外上翻，又含有絞截敵左臂的技擊用法。

　　具體動作用法分析如下：

　　動作一：

　　接掩手肱錘，設敵人在我身右側，以右手抓住我右腕，
並以左手抓住肘關節，雙手施按勁，欲將我向左方推出摔
倒。我即乘勢身向左轉略上升，右腿以腳跟為軸，腳尖裡

圖414　　　　　　　　　圖415

勾、貼地向右後方蹬出。同時我右拳先逆後順纏向右前上，
再裡合到兩眼中線前上方引進，使敵人雙手按勁落空失
勢。同時我左拳由左肋部先逆後順纏，先略外開略下沉，
再向左前上與右拳相合，以維持身體平衡。這是上引下進
之法。(圖414、415)

　　動作二：

　　接上動作，設敵人雙手按勁被我上引下進而落空，身

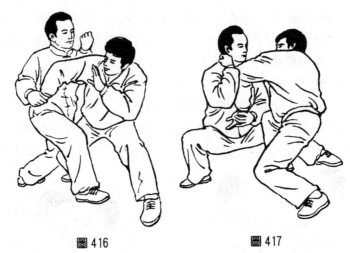

圖 416　　　　　　　圖 417

前傾失勢，這時我應乘機以右臂、肘、拳逆纏下沉外掤，
以右肘尖向敵胸、腹等部橫擊。如敵人左轉、含胸、塌腰
避開我右肘擊出之勁，我即乘勢以左臂、肘、拳裡合向敵
面部右側、右肩及後心擊出。也可以右臂、拳由敵左腋下
穿出上掤裡合敵人左肩，乘機將身貼近敵身，同時我左臂
拳裡合下沉施採勁截敵人左臂手。運用右臂拳上掤裡合敵
人左肩，及裡合下採截敵人左臂肘之勁，同時運用腰胯之
勁將敵人向我左前下方摔出。（圖 416、417）

第四十二式　抹　眉　紅

總述：

　　抹眉紅，顧名思義，是一種掌擊法，衝出眾敵包圍也
好，對付前面一個敵人也好，都是以右掌穿擊，並靠身體

騰空旋轉，而右掌向敵人面部是先穿後抹（挒）。當然，在騰空轉體過程中，肩、肘、膝、胯，都可以發勁撞擊敵人。類似玉女穿梭、飛步拗鸞肘等式之用法。

動作一：

這是一個人對付多數敵人，右拳變掌，身腰下塌，眼神機警，準備突圍之前的蓄勢。（圖418）

圖418

圖419　　　圖420

動作二：

設我突圍，採取的方法是在進攻中求解脫，而不是被動的逃跑。這時我要乘機選擇較弱的敵人，以右掌逆纏坐腕（視距離遠近），以肘或掌向敵人頭部擊去，同時以身騰空向敵人衝去，在衝擊騰躍時，要以肩、背、胯的靠擊勁，肘、膝的撞擊勁，腿腳的踢蹬勁，以及右掌的推擊勁在旋體中一齊發出，以凶猛之勢衝出重圍，以利再戰。（圖419、420）

此時，左肘也可以隨轉體，發揮其橫擊肘的作用。

第四十三式　右黃龍三攪水

總述：

陳照奎老師傳授的黃龍三攪水不同於其他人的練法。一般練法是小步左右移動，手臂走小圈，謂之一引一發，或云此是「單臂應敵」等等。皆不得要領。陳照奎老師所傳此式有獨特的練法和用法。走大身法，走底勢，左右旋轉180度，確有巨龍攪水上下翻騰之勢，既瀟灑，有氣勢，又有豐富而厲害的技擊內涵。讀者在鍛鍊實戰用法中要重視此式的重要作用。

此式的主要用法，是走身法的肘擊、肘拿的捯摔法。接抹眉紅，敵拿按我掤出之右臂，我先以右臂引進，敵人落空，然後我反拿敵人右腕，回身以左肘猛擊敵人右臂反關節，下盤我右腿插其襠，左腿橫掃其前腿，連擊帶摔。這是先向左引右攪，然後再右引左攪。後者更厲害，即當我向右攪過來時，敵人左臂插入我右腋下欲擊我肋部。我

先掤，再以右肘夾住敵左臂，猛向我右前方攪，即以我右臂拿住他左臂的反關節，猛向左攪，敵左臂必受重創而失勢。左右黃龍三攪水用法相同，惟方位相反而已。

動作一：

分作以下四段講解：

(1) 接抹眉紅，設敵人由我右側上右步，雙手推按我右臂（或以左腳向我右肋、右胯踢來）。我乘勢右臂先掤後沉引

圖 421

進，右腳撤回左腳旁（如敵用腳，此動作可以用右手下採截其腿腳，右腳收回以避其腳）。（圖421、422）

(2)當敵人從我身右側以雙手抓按我右臂時，我下沉未能解脫，我右手繼續裡合懸臂向左上引進，同時，右腿逆纏向右前邁步以腳跟裡側著地，

圖 422

腳尖上翹裡合，
以形成上引下擊
之勢，以求進一
步使敵人雙手按
勁落空，身前傾
失勢。（圖423）

圖423

(3)接上段，
設敵人雙手按勁
落空，身前傾失
勢。我即乘勢向
右轉約180度，
右腿順纏，以腳
跟為軸，腳尖外轉約180度著地踏實，左腿逆纏，腳提起
轉前掃於右腳左前方，同時右手臂、肘、手視距離敵人遠
近而靈活運用，距敵較近，則用右肘尖向敵人胸部擊去；

圖424　　　　　　　　圖425

距敵較遠，則用右手向敵面部擊去，如我右手反拿敵右手，此時，還可用左肘裡合擊其右肘反關節，配合左腿前掃，肯定可以使敵失勢。(圖 424、425)

圖 426

(4)設敵人在我面前，以左臂、肘、手插入我右臂裡側肋部，乘機欲進左步、身右轉運用左臂及腰胯之力將我向左前方摔出。我

圖 427　　　　　圖 428

即乘敵人未變招之前，身向左轉約 180 度下沉，重心由右移左。右腿逆纏裡轉，左腿順纏向左後走外弧後掃一步，同時右手先略逆纏略外開變順纏下沉、裡合，將敵左臂、肘夾在我右肋部，使敵左肘被我截絞上托疼痛而失勢。（圖 426～429）

圖 429

動作二、動作三：

其技擊含義與動作一(2)(3)(4)段相同，略。

動作四：

設敵人雙手抓住我右臂肘，施按勁欲將我向左側後推出跌倒。我即乘勢身先向左轉再向右轉下沉，兩腳跟蹬地，身騰空跳起並調整步伐，下沉震腳發勁。同時我右臂手以順、逆、順纏，先向左後旋轉再上翻，經頭左側上向前下敵人面部施採勁劈去。同時我左掌以逆、順、逆纏，向左側略下沉外開上翻，經頭上左側向敵人頭部擊去，敵人頭部被

我雙手下沉採勁劈擊必然失勢。(圖430、431)

圖430

圖431

第四十四式　左黃龍三攪水

與右黃龍三攪水用法同，惟方向相反。略。（圖 432
～435）

圖 432

圖 433

圖 434

圖 435

第四十五式　左蹬腳

總述：

左右蹬腳用法與一路拳相同。但其過渡動作有新的含義，讀者要注意。如左蹬腳接左黃龍三攪水時，有收左腿出右腿，收手又挪開、再收回之動作。是為了挪化敵人來手、來腳之勢。右蹬腳，轉身下沉，是為了調整方位更接近敵人變右腳蹬擊之勢。具體分解如下：

動作一：

接左黃龍三攪水，設敵人在我身左側快速進左步、用左拳向我頭部左側或肋胸等部擊來。我即乘勢身略向左轉下沉，右腿逆纏，以腳跟裡側向右貼地鏟出，同時雙手由兩膝前向上逆纏挪起，再分向兩側前展開，這是以左臂手將敵人擊我之左拳向左外挪開。

動作二：

接上動作，設敵人左拳被我左臂手挪開，隨即身略向左轉，提右腳向我左腰胯踢來。我即乘勢身向右轉。左腿以腳尖貼地跟步並於右腿旁，同時雙手由兩側前上先略逆纏略開變雙

圖 436

順纏下沉裡合，以左臂下沉施採勁向敵人踢我之左腿的腓骨下端採擊，也是引化之法。

圖437

動作三：

接上動作，設敵人左腿被我截化落空，還想繼續變招，我即乘勢身快速先向右下沉，再向左略轉升，重心在右，左腿逆纏提起向敵人左腰肋橫蹬擊去。同時雙手變拳分向兩側掤出，以左拳向敵人頭部右側擊出，這樣左拳與左腳同時向敵上盤和中盤進攻，使敵人難以防備。（圖436、437）

第四十六式　右蹬腳

動作一：

接左蹬腳，設我左拳、左腳向敵人進擊時，敵人退右步、身右轉，避開我蹬擊之勢。我乘勢身左轉180度，下沉；同時雙拳由兩側下沉、裡合，雙前臂交叉合於右膝前，這是運用拗步接近敵人，是蓄勢。

圖438

動作二：

接上動作，當我運用拗步身左轉，重心移左，蓄好勁後，乘敵人身右轉退步，尚未變招之機，我即乘勢快速身

圖439

先向左轉並下沉，重心在左，右腿逆纏屈膝裡合提起，以腳踵向敵左腰肋蹬擊，同時我雙拳運用抖勁向兩側發勁，以右拳向敵人頭部左側擊出。這樣右拳與右腳同時向敵人上、中盤擊出。在拳、腳將發未發之際，要注意肘與膝的運用。(圖438、439)

第四十七式　海底翻花

第四十八式　掩手肱錘

以上二式用法皆同前，略。

第四十九式　掃蹚腿（轉脛炮）

總述：

此式與第一翻花舞袖，是二路拳中最難做的兩個拳式。前者是雙腳騰空轉體，此式則是以右腳為軸，左腳貼地橫掃旋轉450度。有的拳術中掃蹚腿，是一手扶地而旋轉，此式則是雙手反拿對方右臂，不可扶地。有的傳人因此種練法較難，於是將此式改為左右腳各掃半圈，雖然減輕了難度，但從嚴格鍛鍊要求看，這種「改造」並不可取。讀者應從難從嚴要求自己，下功夫掌握它。而且要走低勢，圈掃大，上身不晃。鍛鍊的關鍵，一是腰的力量，二是右腿的功力，三是在掃的過程中，始終氣下沉、重心下移，左腿的用力點放在小腿與左腳的裡側，輕輕擦地而旋轉

，一氣呵成，
中間不可停頓
。右腳可先以
腳跟為軸，再
以腳掌為軸，
要左右交替反
覆練習。

　　動作一：
　　接掩手肱
錘，設我剛用右
拳將前面敵人擊
倒，這時另一敵

圖440

圖441　　　　　　　　　　圖442

人從我身右後方以右拳對我偷襲。我即乘勢身先略向左轉
略上升，右拳由右肩前方先逆纏旋轉上揚以掤化來力，或
反拿敵右手腕，裡合變順纏下沉至腹前。同時左拳由左肋
部逆纏下沉經左胯外後，外開變順纏屈肘上翻，與右手配
合管住敵人右肘反關節。裡合至左耳側。即雙手先拿住敵
人右臂，以觀其變。(圖440～442)

　　動作二、三：

　　設敵人看我已轉過身來，偷襲不能成功，反而右臂被

圖443

圖444

我拿住，不得勁，欲向其左後撤退。此時，我不放過敵人。調整一下步法，以右腳為軸，左腿與我雙手相配合，形成下掃上捯，左腳略用裡合勁，擦地隨身旋轉450度，以左小腿和左腳裡側向敵人脛骨下端掃去。（圖443～445）

圖445

第五十式　掩手肱錘

用法同前，略。（圖446～454）

圖446

圖 447　　　　　　圖 448

圖 449

圖 450

圖 451

圖 452

圖 453

圖 454

第五十一式　左　衝

總述：

　　左衝、右衝，實際上是一個拳式、兩個擊打角度。為
此，有兩次調整方位，兩次發勁。每調整一次角度，都是
雙拳（及前臂）自上而下發砸擊力；然後，再向下向裡引
進蓄勁，雙拳再發一次向前偏上的衝擊勁。前者自上而下

圖 455

擊敵頭部，後者
雙拳衝擊敵胸部
、腹部，如對方
低頭，也可以衝
擊其面部。所謂
左、右之分，即
在於右腳在前，
衝擊方位偏左，
即謂左衝；調整
步法後，左腳在
前，擊打方位偏
右，即為右衝。左衝、右衝兩次，作單式鍛鍊，有利於體
驗丹田內轉與動作相配合的規律。

動作一：

接掩手肱錘，設敵人由我前方提左腳向我腹部襠內踢

圖 456

來。我即乘勢身先略向左轉略上升，再向右轉約 90 度下沉，左拳由左肋先逆纏與右拳向左前裡折腕掤出（這是欲下先上，欲後先前之意）再變雙順纏施採勁下沉向敵人左腿下部脛骨採擊。（圖 455、456）

動作二：

接上動作，敵人踢來之左腳被我採擊後，敵又出右拳向我打來。我即調整角度。雙腳騰空由左前右後調整為右前左後，雙腳下沉震腳勁。同時雙拳先以雙逆纏折腕略向左前上旋轉再以雙順纏向右下

圖 457

沉，繼續向右側後以左逆右順纏掄臂旋轉，再向前經頭右側上向左前下敵人頭頂面部施採勁劈去。（圖 457）

動作三：

接上動作，設敵人頭部或面部被我雙拳採勁擊中失勢，如我還不想放過敵人，即乘機身先略向右轉略上升，再向左轉約 90 度下沉，再向右轉約 90 度上升，右腳與左腳同時向前蹉步發勁，同時雙拳走一個先上掤，再裡下沉再外上發的下弧線，即先以雙逆纏裡折腕略向右前上引勁，再向腹前雙順纏下沉，再以雙逆纏向右前上之敵胸部合力出擊。（圖 458、459）

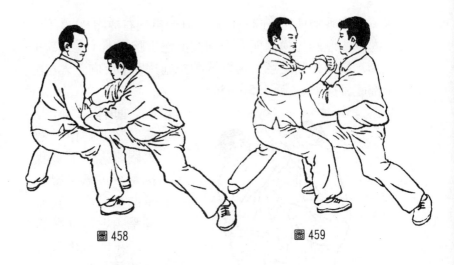

圖 458　　　　　　　　圖 459

第五十二式　右　衝

同前式用法，只是再調整一次左右方位，略。（圖 460
～462）

圖 460

圖 461

圖 462

第五十三式　倒　插

總述：

　　倒插一式，係雙臂一開一合（絞截合），最後在合中發勁，或合中解脫。以發合勁為主。接右衝，當我雙拳衝擊對方胸部時，兩臂被敵人抓住，我採取邊解脫邊進擊的方法，在進擊中求解脫，解脫之中加進擊。這又一次體現了太極拳化打統一的技擊特徵。當敵人抓住我雙臂時，我兩臂先一左前一右後上地捌開，把敵人雙手的抓力分開，敵人很可能不讓我分捌，反而加大其合力。於是我迅速

借他的合勁，迅速再走一個左上擊、右下插的合勁，右拳迅速向敵人胸前插擊，並用右肩靠之，提右膝撞之，插右腳踩踢之，同時，左手向我右前上引進敵人抓我之右手，我左手合於右肩前，還可以配合右肩靠，擊打對方的頭部。這樣，忽而開，忽而合，雙手形成絞截之勁，使敵人失勢。此乃「人不知我，我獨知人」者也。

動作一：

設敵人在前方以雙手抓住我雙臂肘腕，欲將我向後推出。我即乘勢身向右轉約 45 度略上升，同時雙拳由胸前分向左前及右側後捌開引進，使敵人雙手按勁落空，身前傾失勢，我即乘勢身向右微轉再向左轉約 90 度下沉，左腳跟為軸，腳尖外轉約 90 度落地。右腿提腳向右前上步，提膝擊其襠、胯，然後，虛步腳尖點地或用右腳向敵人下盤膝部踩擊。同時雙拳以

圖 463

雙逆纏，以左拳臂肘上掤截敵人右手腕，右拳臂肘截敵人左手腕，視距敵人遠近而定。近以右肘或肩靠向敵胸部出擊。（圖 463～465）

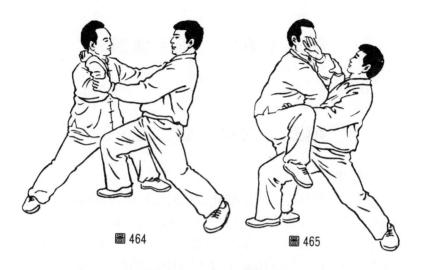

圖464　　　　　　　　圖465

第五十四式　海底翻花

用法同前（圖466）。

圖466

第五十五式　掩手肱錘

用法同前，略。

第五十六式　奪二肱㈠

總述：

奪二肱㈠、奪二肱㈡與倒插都是解脫與擊發並用的拳式。倒插，係上下開合，此式是左右橫向開合。同時，此式還體現開是為了合，合是為了開；開，也是化，也是打；合，也是化，也是打。充分顯示出太極拳陰陽交濟、陰陽互根、陰陽互用哲理之妙用。此式接掩手肱錘，設右側背後有敵人進攻，或雙手按，或雙手摟抱我腰部，我先走開勁，雙臂右上左下捌開，分化敵人的合力。然後，猛然向後轉體，三處同時擊發：①右臂肘向右後用捌、採勁先上掤後下採勁，擊打敵右側頭部、肩部、胸部；②右腳後掃，掃擊敵人前腿；③我左拳自左下而右上裡兜，兜擊敵人襠部、腹部或胸部。三個點合擊，使敵人防不勝防。然後，再向右側，走兩個開合，用法與上述類似，只是前者向身後回擊，以下動作，是自左而右橫步進擊。皆為右拳上掤再裡下合，左拳下沉再裡上合，雙拳雙臂一開一合，一化一打。右化左打，下盤配合提膝撞擊敵襠部，震腳跺踩敵腳，上下配合，又是一個三點合擊，體現太極拳整體勁之厲害，也說明了平時練拳能做到「一動無有不動」「周身一家勁要整」之鍛鍊要領的重要性。

動作一：

接掩手肱錘，設敵人由我身後進左步欲用雙掌施勁向我背後襲來，或從身後摟腰欲將我摔出，我即乘勢身先略向左轉，左腿先順纏，右腿逆纏裡轉(當左腳裡轉變實後)，腳跟提起，腳尖擦地向右後外敵人腳腕掃擊。同時右拳由

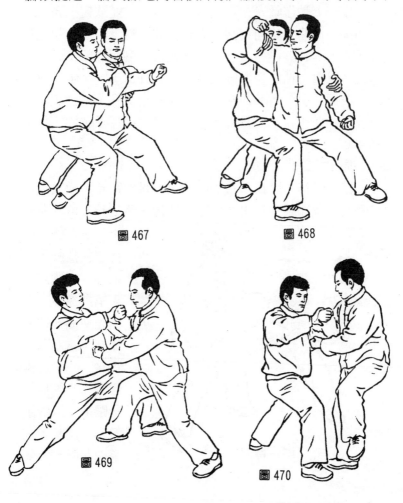

圖 467　　　　　圖 468

圖 469　　　　　圖 470

右肩前先逆纏上掤，再順纏裡合至左肘彎上，左拳逆纏裡轉向左外胯下沉劃外弧變順纏裡合向右側前敵人右膝及襠部兜擊。這樣既可解脫敵人的進攻，又可以右腿與左拳向敵人反擊。（圖 467～469）

動作二：

設如上動作敵人左腿後退一步避開，並欲變招勝我。我即乘勢快速先略向右轉略上升再向左轉下沉，右腿先順纏屈膝上提右腳再逆纏下沉，向敵人右腳面跺擊。同時右拳在左肘彎上粘連先逆後順纏先略上升再下沉，走一個小圈，一掤一引，右拳在右側先略逆纏略上升，再順纏與左肘及拳同時下沉。這即是蓄勢，又可用右腳跺敵腳面。（圖 470）

動作三：

接上動作，設我以右腳向敵人右腳面跺時，敵人退右步避開。我即乘勢身快速先略向右轉、略上升、再向左轉下沉，右腿先順纏屈膝提腳，再逆纏向右側前敵人襠內進步。左腿先逆纏裡轉變順纏（當右腳變實後），腳跟提起，腳尖擦地蹉步跟進，以腳跟發勁，同時，右拳由左肘彎上先

圖 471

略順纏再逆纏，由肘彎裡側下沉經左拳下向敵人腹部、肋部擊去。同時左拳由右側先略順纏經右拳上相錯收到腹前。這可掩護右拳出擊，又可收回合於腹前而形成對稱勁，穩定身體平衡。(圖 471、472)

圖 472

此處須注意右拳發勁時，不只是拳發勁，而是以右前臂發橫挒勁。近身還有個右肩靠勁。所謂「奪二肱」，就是兩次都上臂、前臂之橫擊勁。

第五十七式　奪二肱(二)

總述：

此式是上式奪二肱的重複動作。但讀者應注意此式之不同之處，即當上左步時，提起左腿時，先走一個向左後蹬勁，即一般拳術中之蹶子腳，又稱左外擺腳。同時，左拳也走一個向左後外開勁。此動作有兩個含義。一是為打前面而先防後、擊後；二是欲前先後的蓄勁。其他動作皆同上式。

動作一：

　　設敵人由我右前方進右步右拳向我頭部、胸部擊來。
我即乘勢身快速先略向左轉、略上升，再向右轉約 90 度
下沉，重心左、右移換。左腿先逆纏向左側後外開，再變
順纏向右側前之敵右膝下腓骨踩去，如距敵人稍遠，則作
為進步落地變實。右腿先順纏外轉（當左腳擊敵或進步變
實後），腳跟提起，震腳，發勁，同時右臂拳向右側前上
外掤開敵雙臂拳，將敵雙臂拳掤出，變順纏合於左肘彎上。
同時左拳由腹前向左側後逆纏外開（這是欲前先後之意），
乘機變順纏經腹前向右上敵人中下盤兜擊（圖473、474）

圖473　　　　　　　　　　圖474

動作二：

　　接上動作，敵人如退步避開我左拳及左腳向其進攻之
勢，我即乘勢再進右步。以右拳向敵人腹部擊出（同上式
動作三）。（圖475）

圖475

第五十八式　連珠炮

總述：

此式係快速衝拳的鍛鍊方式。雙拳向敵人頭部、胸部，交替而連續地快速進擊。以「迅雷不及掩耳」之勢快收快打。但它不同於其他武術中之衝拳，也不同於拳擊之直拳。其特點是螺旋式的進擊，螺旋式的收回。不僅拳、臂自身旋轉，而且雙拳、雙臂相互纏繞絞發和絞收。這種用法，可以做邊進擊邊掤化，邊衝擊，邊回掛。可以避開敵人的頂架勁，靈活螺旋進擊。其太極勁的特色非常明顯而巧妙。

此式三個動作，連起來是快速向敵人胸前進攻，注意衝左拳時胸向右，重心偏左；出右拳時則胸向左轉，重心偏右。通過胸腰運化，將全身勁力集中到進攻之拳和臂上。

（圖476～479）

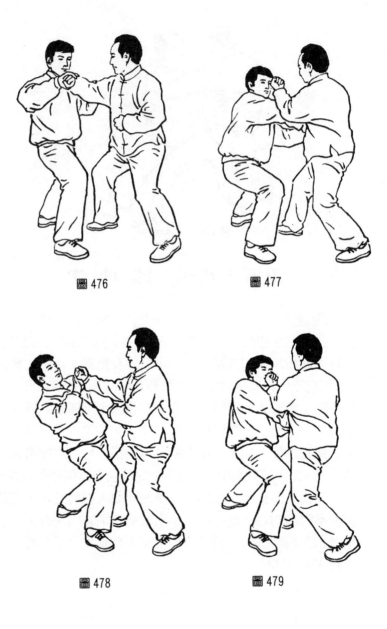

圖 476

圖 477

圖 478

圖 479

第五十九式　玉女穿梭

總述：

　　此式與下式回頭當門炮相呼應，為衝前擊後的一組技擊法。玉女穿梭，先以衝拳、肩靠、胯打等轉體過程中的諸種擊法，對付前面之敵，以飛步跨出並迅速轉體，騰空躍到敵人的背後，掄雙拳向敵人頭部、背部採擊，然後迅速收回雙拳，先下沉，再向敵人的後腰猛擊（即「回頭當門炮」之動作）。此式稱「變式大撞」。其中轉體以及轉過身來之雙拳出擊，都有撞擊之意。以下之式，反覆兩遍此類打法。動作及用法皆相同。玉女穿梭之轉體動作用法與一路之玉女穿梭同；回頭當門炮之動作用法又與左衝、右衝之動作相同。

　　動作一：

圖480　　　　　　　　　圖481

　　接連珠炮，當我以左拳擊向敵胸部時，被敵抓住，準備施採勁勝我，我即乘勢身略向左轉略上升，再向前右旋轉 180 度先上升後下沉，右腿屈膝，提腳逆纏裡轉再順纏外轉向前踏步，腳跟蹬地，將身騰空躍起隨身旋轉 180 度後落地，腳踏實；左腿先順纏，再隨右腳踏地，身騰空逆纏旋轉 180 度後著地。同時左拳先略順纏略屈再向前逆纏領勁前衝，躍步旋轉變順纏下沉。同時右拳先逆纏略向前衝擊再順纏屈肘收回下沉。另外，也含有脫出敵人包圍之法，即突圍之法。（圖 480、481）

第六十式　回頭當門炮

　　設我上式躍步旋轉跳出，並以背靠擊敵人，然後，跳到敵人的背後，先用雙拳採出，再向其後腰猛擊。或當我跳出重圍時，有另一敵人乘勢跟進，欲以右拳偷襲我背後取勝。我即轉身下沉，身快速先略向左轉再向右轉下沉，向前蹉步發勁。同時雙拳先雙逆纏（欲下先上，欲後先前之意），向左前上折腕再雙順纏下沉截擊敵人

圖 482

右拳，將敵人右拳採下，並乘勢變雙逆纏向敵人胸部擊出
（發勁同左右衝）。（圖 482）

第六十一式　玉女穿梭

　　此式與五十九式玉女穿梭用法相同，惟第一動作不
同。前者衝左拳，向右轉體；此式衝右拳，向左轉體。下
式回頭當門炮，則與其前式完全相同。

動作一：

是蓄勢，欲前先後之意。（圖 483）

動作二：

　　設我被敵人包圍
，這時就需要利用突
圍法，在向前面敵人
進攻的同時，脫出敵
人的圍攻。我身向左
轉約 180 度先上升後
下沉，右腳、左腳蹬
地躍步，隨身旋轉後
下沉。同時我右拳以
逆纏向前面敵人頭或
胸部擊出，並乘勢可
用背靠、胯打以攻擊

圖 483

敵人，當轉身下沉時，雙拳同時以雙順纏向前下沉，以維
持身體平衡。同時也是為下式雙拳衝擊敵人後腰做準備。
（圖 484、485）

圖 484

圖 485

第六十二式　回頭當門炮

動作、用法均同第六十式。略。

第六十三式　撇身錘

　　此式用法與前撇身錘相同。惟連接動作有一個墊步左轉體。同時，兩臂右上左下一開一合，為發撇錘作準備。其技擊含義是，剛用雙拳擊打右側敵人，左後側另有敵人進攻，抓推我左肩臂，或以右拳進擊，我於是迅速左臂下沉引進，右臂上翻裡合以迎擊敵人打來之右拳，並反拿敵右腕，以備左臂伸入

圖 486

圖 487

敵腋下，自右下而左上地挑擊其右上臂。（圖486、487）

第六十四式　拗鸞肘

總述：

此式及以下順鸞肘，穿心肘，三式皆為肘法鍛鍊。陳式太極拳運用肘法、膝法甚多。肘法，在實戰中是很強的一種技擊法。拳論中云：「遠使手，近使肘，貼身靠打情不留，」又云：「拳輕，掌重，肘要命。」「寧挨十手，不挨一肘。」「肘打四方人難防，手肘齊發人難擋。」等等。都說明肘在實戰中的威力及其重要意義。陳式太極拳的肘法十分豐富。如金剛搗碓中的橫肘、迎門肘；六封四閉和井纜宜入中的挑肘、夾肘；退步壓肘中的採肘（即沉肘）；閃通背中的砸肘、磨盤肘等等。此式及以下兩式，又介紹了三種肘法。讀者還要仔細體會此三式中皆含「先膝後肘」之術。

拗鸞肘一式，包含兩種肘法。動作一至動作三，左手

圖488

與右肘合擊，用的是腰攔肘，即裡合橫擊肘，動作四、五，先掤後發肘勁，是向右側發的平頂肘。第二段發平頂肘之前，雙

手先上掤時（欲下先上）要注意提右膝，形成上掤下撞膝的用法。出右步為插襠，插襠越深，發肘勁越有力。

動作一：

接撇身錘，設敵人在我左側前，以右掌管我左肘，左手管我左手腕，欲將我左臂按勁壓扁，而向身右後方推出跌倒，我即乘勢先快速略左轉略上升，再向右轉約 90 度下沉。同時左拳先逆纏略向左外上揚（使敵人判斷錯誤，這是欲下先上之意），再順纏裡合下沉至兩膝前下，使敵人按勁落空，身前傾失勢。同時右拳由右腿外側先順纏變逆纏向右膝外側配合引進。（圖 488）

動作二：

接上動作，設敵人按勁落空前傾失勢，我即乘勢快速向左轉約 150 度，左腿先以腳為軸，腳尖略上翹，向左外轉約近 180 度著地，右腿先順後逆纏。同時左拳由兩膝前變掌先向左外上由敵人左肘臂外側將敵人左手腕擴住掤起。同時右拳由右膝外側裡合上翻由逆變順纏叉在右肋旁，準備向敵人進攻。（圖 489）

動作三：

接上動作，我乘敵人左臂被我左手抓住掤起，身向右轉，左後腰露出空隙之機，我即乘

圖 489

勢身向左轉約90度，
先上升後略下沉，右
腿屈膝上提逆纏以右
膝裡合向敵人左臀部
撞擊，再下沉震腳加
強發肘勁的爆發力
量。同時左手逆纏向
左外上領敵人左臂，
使敵人被迫身體左傾
失勢；同時以右肘與
左手合擊向敵人左後

腰或向其左肘反關節橫擊。（圖490、491）

動作四：
　　設另一敵人在我右側前，用雙手按住我臂肘，準備施
按勁將我向左後方推出。我即乘勢身向左轉約90度上升，

重心在左。右腿逆纏屈膝上提，可撞擊敵襠部、腹部。同
時左手合於右肘處，以雙逆纏向左上將敵人雙手肘臂掤
起，使敵人胸前露出空間，以備進攻。（圖492、493）

圖493

圖494

圖495

圖496

動作五：

接上動作，設我以右臂肘將敵人雙臂肘手掤起，敵人胸部露出空間。我即乘勢身先向左轉 45 度下沉再向右轉 45 度略上升，右腿逆纏裡轉向右側敵人襠內插進，以腳跟發勁，再貼進敵身。左腳跟提起，腳尖擦地跟進半步，以腳跟頓地發勁，同時左手合在右肘處先向左下沉，以雙順纏再向右側以右肘向敵人胸、腹、肋等部合力頂擊。（圖494～496）

第六十五式　順鸞肘

總述：

此式掤化與發勁和上式動作四五略同。不同之處，在於肘尖擊打的方位不同。前者是向右側發平頂肘勁；此式是雙肘向左側偏後、右側偏後發勁，故又稱後頂肘，以對付身後或右側摟抱我的敵人，如以對付右側敵人為主，左肘則為稱勁，以維護重心平衡。

具體分解：

接上式，設敵人在身右後側，右腳在前，左腳在後，以雙手拿我右肩肘，欲扭拿我右臂反關節，或雙手將我摟抱施摔法。我乘勢，雙臂向左上掤起，向上引化敵人按勁或環抱之勁，身下沉，提右腿，既可以膝擊其襠，又可踩蹬其右腿，或插入其襠，以備進肘。此時，敵人胸腹部已暴露，我上掤之勁突然下沉，以右肘尖向右側偏右猛擊敵胸、腹、肋部。左肘與右肘對稱發勁擊敵，或與右肘勁相稱。（圖497～500）

圖 497　　　　　　　圖 498

圖 499　　　　　　　圖 500

　　此種肘法亦稱「霸王肘」。練法：仰臥，兩肘與足踵拄地，撐體上升，再放平，再撐，以練肘力。

第六十六式　穿心肘

　　此式與前式大致相同。惟肘尖發力的角度不同。多為低勢對付高式。此式係身下沉，左手與右肘合力，自偏下而偏上向敵人胸口擊出。故稱「穿心肘」。（圖501～504）

　　以上三個肘勁，都係短兵相接時的用法，要求速戰速決，要連珠炮式的連發肘勁。後腳跟步震腳（或頓步）要同時完成，形同弓弦脫扣，發得要脆，勁力要整。

第六十七式　窩裡炮

總述：

　　此式在技擊法中有兩個含義，一是類似撇身錘，前者左臂向左前發撇擊勁，此式則是以右臂（包括肘、拳）向右前發撇擊勁。二是一種兜擊法（又稱挎肘）。即我左手接拿敵人右手腕將其引直，而右臂悄悄沉到敵右臂肘關節下方，以右前臂裡上合，向右上兜，左手配合向左前下捌，形成反折力。猛兜力大時可將敵右臂兜斷。故不可輕試。如我遇到敵人採用此法時，如何解脫？最好的方法，還是太極拳的鬆沉勁。全身放鬆、墜肘，走身法，走肩靠或胸靠法。即可迎刃而解。且可以變被動為主動，變劣勢為優勢。

動作一：

　　第一種用法：接穿心肘，設敵人由我右前方進右步、提左腳向右外胯或腹部蹬擊或踢來，我即乘勢身快速先向

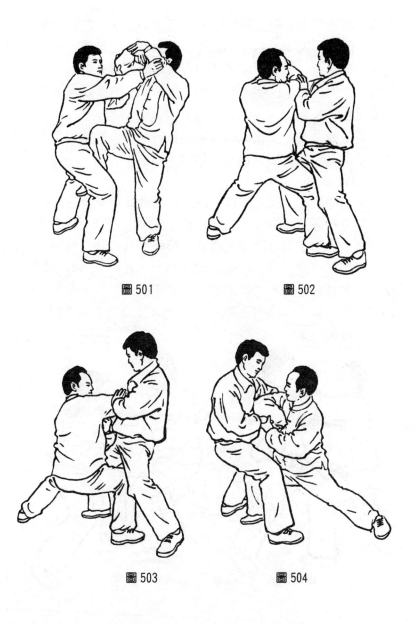

圖 501

圖 502

圖 503

圖 504

右轉（欲下先上）略上升再向左轉下沉再上升，左腳跟提起向左側退一大步，右腿（當左腳變實後）也退後一步，虛步腳尖點地。同時左掌變拳與右拳以雙逆纏先向右前上旋轉（欲左先右），再變雙順纏裡合下沉，施採勁向敵左腿膝前脛骨採擊。

　　第二種用法：或敵人以右拳向右胸擊來，我雙手走引化，撤步以配合上肢引進。（圖505、506）

動作二：

　　第一種用法：接上動作，設敵人見我雙臂拳下沉以採勁向其左腿迎面骨擊來，左腳乘機下沉著地躲過，準備變招取勝。我即乘勢身快速先略向左轉略下沉再向右轉略上升，右腳逆纏裡合提起再順纏向右側上一大步，將敵左腳套住，左腳跟提起，腳尖擦地，向右側跟進半步。右拳由腹前向敵人胸、腹施挒勁擊出。左拳以肘尖略下沉外開，以保持身體平衡。

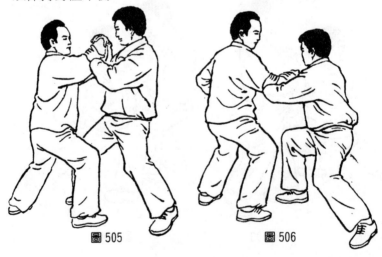

圖505　　　　　　　　　　圖506

　　第二種用法：我雙手將敵人右臂引進，我左手拿其右腕，引直其臂，右拳沉入其右手臂下方，右拳再向右外上走捌勁，用挎肘（即兜法），右腳配合套住其左腿，將敵人兜摔（挎摔出去）。（圖507、508）

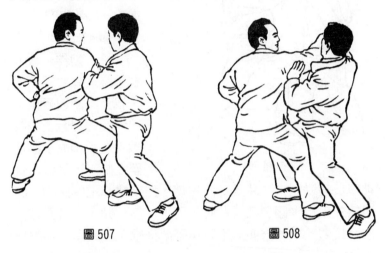

圖507　　　　　　　　　　圖508

第六十八式　井欄直入

　　此式用法與第一個井欄直入式相同。惟其接處略有不同。

動作一：

　　接窩裡炮，當我右拳向右外上撇擊（或兜擊）敵人時，右側另一敵人將我右手抓住，或用右拳向我右肋部擊來，欲將我右肋部擊傷制勝，我即乘勢身先快速向左轉再向右轉，右腳跟為軸，腳尖外轉約80度著地，同時右拳由先逆變掌裡合，再向右外上變順纏從敵人右臂外繞一小圈將

敵人右手腕抓住，以
備變招制勝。同時左
拳貼左肋略下粘連先
逆後順纏旋轉，準備
進攻。（圖 509）

動作二：

接上動作，敵人
右手腕被我右手抓住
，我不等敵人變招，
乘勢順纏裡合上翻將
敵人右手腕纏拿擰住
至左腋下，使敵右臂

圖 509

被纏反轉受制。同時我身向右轉，左拳變掌逆纏由胸、腹
中線先上提，翻到敵人右肘上再下沉施採勁，一方面採其
右肘反關節，一方面向敵胸腹等部插擊，同時左腿逆纏屈

圖 510　　　　　圖 511

膝，腳膝提起向敵右胯、膝等部施以採擊，這樣手腳上下同時向敵人擊出，使敵人難於防護，從而制勝。(圖 510、511)

第六十九式　風掃梅花

圖 512〜515。

圖 512　　　　　圖 513

圖 514　　　　　圖 515

第 七 十 式　金剛搗碓

圖 516～518。

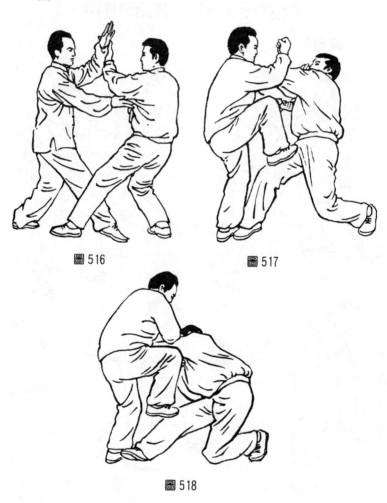

圖 516

圖 517

圖 518

第七十一式　收　　勢

以上三式均同前，故略。

編後記

第一次全面總結、系統闡發陳氏世代積累的太極拳拳理拳法的陳鑫公，在其所著《陳氏太極拳圖說》的自序中，有一段感人肺腑的話：

> 「愚今者，年逾七旬，衰憊日甚。既恐時序遷流，
> 迫不及待；又恐分門別戶，失茲真傳。不得已，
> 於課讀餘暇，急力顯微闡幽，以明先人教授。精
> 粗悉陳，不敢自秘。自光緒戊申，以至民國庚申，
> 十有三年，而後書始成。又強振精神，急書於簡，
> 雖六月盛暑，不敢懈也。……」

一位對中國文化遺產、對先人太極拳事業，抱以極其忠誠負責態度的傳人，其崇高精神躍然紙上，令人肅然起敬。所以，我們這些熱愛陳式太極拳的晚輩，不僅要繼承陳氏拳術珍品，而且要繼承前輩對中國傳統文化高度負責的高貴品質，忠誠地繼承它、刻苦地研究它、熱心地傳播它，以造福人類。筆者雖然一不姓陳，二沒有深厚的功夫，但畢竟有緣跟隨陳式太極拳一代宗師陳照奎先生前後達八年之久，多少獲得一點真傳。就是這一點點，即使它是祖國傳統文化寶庫中的幾粒小小的珍珠，也「不敢自秘」。由於先師過早地離開了我們，自己總感到像吃飽了桑葉總要吐絲的春蠶一樣，有將先師的真傳傳下去的一種強烈使

命感。因此，自 1981 年先師辭世之後，15 年來，我即集中全副精力和心血，精心整理先師授拳的記錄和個人練拳幾十年的體悟，先後整理出版了《陳氏太極拳體用全書》（拳譜）、《陳氏太極拳拳理闡微》（拳理）和這部《陳式太極拳技擊法》（拳法），並且先後錄製了五部《陳氏太極拳教學系列影帶片》。此時，心中才稍有如釋重負的輕鬆之感。

在此書的編輯出版過程中，丁同、王愛國等先生志都給我以熱情的幫助，在此，我謹向以上諸位一併致以衷心的謝意！

作者

導引養生功

1 疏筋壯骨功＋VCD
定價350元

2 導引保健功＋VCD
定價350元

3 頤身九段錦＋VCD
定價350元

4 九九還童功＋VCD
定價350元

5 舒心平血功＋VCD
定價350元

6 益氣養肺功＋VCD
定價350元

7 養生太極扇＋VCD
定價350元

8 養生太極棒＋VCD
定價350元

9 導引養生形體詩韻＋VCD
定價350元

10 四十九式經絡動功＋VCD
定價350元

張廣德養生著作　每冊定價350元

全系列為彩色圖解附教學光碟

輕鬆學武術

1 二十四式太極拳＋VCD
定價250元

2 四十二式太極拳＋VCD
定價250元

3 八式十六式太極拳＋VCD
定價250元

4 三十二式太極劍＋VCD
定價250元

5 四十二式太極劍＋VCD
定價250元

6 二十八式木蘭拳＋VCD
定價250元

7 三十八式木蘭扇＋VCD
定價250元

8 四十八式太極劍＋VCD
定價250元

彩色圖解太極武術

1 太極功夫扇
定價220元

2 武當太極劍
定價220元

3 楊式太極劍
定價220元

4 楊式太極刀
定價220元

5 二十四式太極拳＋VCD
定價350元

6 三十二式太極劍＋VCD
定價350元

7 四十二式太極劍＋VCD
定價350元

8 四十二式太極拳＋VCD
定價350元

9 楊式十六式太極劍拳
定價350元

10 楊氏二十八式太極拳＋VCD
定價350元

11 楊式太極拳四十式＋VCD
定價350元

12 陳式太極拳五十六式＋VCD
定價350元

13 吳式太極拳五十六式＋VCD
定價350元

14 精簡陳式太極拳八式十六式
定價220元

15 精簡吳式太極拳三十六式 拳架・推手
定價220元

16 夕陽美功夫扇
定價220元

17 綜合四十八式太極拳＋VCD
定價350元

18 三十二式太極劍 四段
定價220元

19 楊式三十七式太極拳＋VCD
定價350元

20 楊氏五十一式太極劍＋VCD
定價350元

21 嫡傳楊家太極拳精練二十八式
定價220元

22 嫡傳楊家太極劍五十一式
定價220元

23 嫡傳楊家太極刀十三式
定價220元

太極跤

1 太極防身術
太極防身術
定價300元

2 擒拿術
擒拿術
定價280元

3 中國式摔角
中國式摔角
定價350元

簡化太極拳

1 陳式太極拳十三式
陳式太極拳13式
定價200元

2 楊式太極拳十三式
楊式太極拳13式
定價200元

3 吳式太極拳十三式
吳式太極拳13式
定價200元

4 武式太極拳十三式
武式太極拳13式
定價200元

5 孫式太極拳十三式
孫式太極拳13式
定價200元

6 趙堡太極拳十三式
趙堡太極拳13式
定價200元

原地太極拳

1 原地綜合太極二十四式
原地綜合太極拳24式
定價220元

2 原地活步太極四十二式
原地活步太極拳42式
定價200元

3 原地簡化太極拳二十四式
原地簡化太極拳24式
定價200元

4 原地太極拳十二式
原地太極拳12式
定價200元

5 原地青少年太極拳二十二式
原地青少年太極拳22式
定價2.20元

6 原地兒童太極拳十播十六式
原地兒童太極拳（10播16式）
定價180元

健康加油站

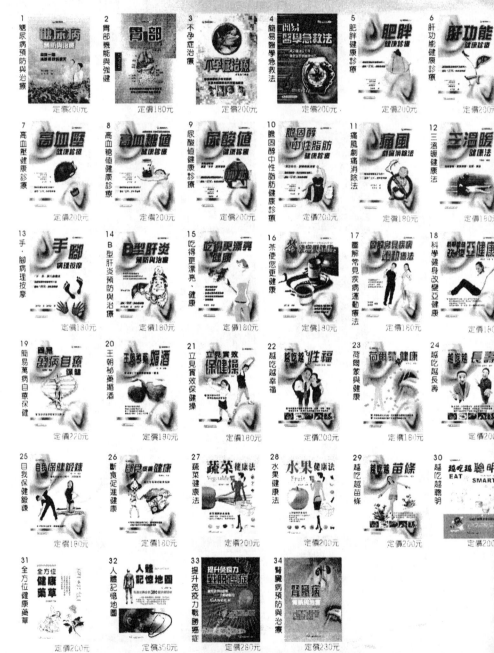

1 糖尿病預防與治療　定價200元
2 胃部機能與強健　定價180元
3 不孕症治療　定價200元
4 簡易醫學急救法　定價200元
5 肥胖健康診療　定價200元
6 肝功能健康診療　定價200元

7 高血壓健康診療　定價200元
8 高血糖值健康診療　定價200元
9 尿酸值健康診療　定價200元
10 膽固醇中性脂肪健康診療　定價200元
11 痛風劇痛消除法　定價180元
12 全溫暖健康法　定價180元

13 手・腳病理按摩　定價180元
14 B型肝炎預防與治療　定價180元
15 吃得更漂亮、健康　定價180元
16 茶使您更健康　定價180元
17 圖解常見疾病運動療法　定價180元
18 科學健身改變亞健康　定價180元

19 簡易萬病自療保健　定價220元
20 王朝秘藥媚酒　定價180元
21 立見實效保健操　定價180元
22 越吃越性福　定價200元
23 荷爾蒙與健康　定價160元
24 越吃越長壽　定價200元

25 自我保健鍛鍊　定價180元
26 斷食促進健康　定價160元
27 蔬菜健康法　定價200元
28 水果健康法　定價200元
29 越吃越苗條　定價200元
30 越吃越聰明　定價200元

31 全方位健康藥草　定價200元
32 人體記憶地圖　定價350元
33 提升免疫力戰勝癌症　定價280元
34 腎臟病預防與治療　定價230元

運動精進叢書

1 怎樣跑得快　定價200元

2 怎樣投得遠　定價180元

3 怎樣跳得遠　定價180元

4 怎樣跳得遠　定價180元

5 高爾夫揮桿原理　定價220元

6 網球技巧圖解　定價220元

7 排球技巧圖解　定價230元

8 沙灘排球技巧圖解　定價230元

9 撞球技巧圖解　定價230元

10 籃球技巧圖解　定價220元

11 足球技巧圖解　定價230元

12 羽毛球技巧圖解　定價220元

13 乒乓球技巧圖解　定價220元

14 曲線球與飛碟球　定價300元

15 街頭花式籃球　定價280元

16 精彩高爾夫　定價330元

17 巴西青少年足球訓練方法　定價230元

18 籃球個人技術全圖解＋VCD　定價300元

19 門球（槌球）入門與提升180問　定價230元

20 美國青少年籃球訓練方式250例　定價280元

21 單板滑雪技巧圖解＋VCD　定價350元

快樂健美站

1 柔力健身球

定價280元

2 自行車健康享瘦

定價280元

3 跑步鍛鍊走路減肥

定價280元

4 創造健康的肌力訓練

定價220元

5 舒適超級伸展體操

定價280元

6 水中有氣運動

定價280元

7 雕塑完美身材

定價280元

8 創造超級兒童

定價280元

9 使頭腦變聰明

定價280元

10 防止老化的身體改造訓練

定價280元

11 三個月塑身計畫

定價280元

12 懶人族瑜伽

定價280元

13 忙裡偷閒練瑜伽基礎篇

定價240元

14 忙裡偷閒練瑜伽袪病養生篇

定價240元

15 健身跑激發身體的潛能

定價200元

16 中華鐵球健身操

定價180元

17 彼拉提斯健身寶典

定價280元

18 全身保健操＋VCD

定價280元

19 瑜伽美姿美容

定價180元

20 輕鬆做自信女人

定價200元

21 輕鬆瑜伽治百病

定價280元

22 瑜伽秀體小品

定價280元

23 熱舞瘦身小品

定價280元

24 整形打造美麗

定價250元

25 排毒頻譜33式熱瑜伽＋VCD
定價350元

常見病藥膳調養叢書

1 脂肪肝四季飲食　定價200元
2 高血壓四季飲食　定價200元
3 慢性腎炎四季飲食　定價200元
4 高脂血症四季飲食　定價200元
5 慢性胃炎四季飲食　定價200元
6 糖尿病四季飲食　定價200元

7 癌症四季飲食　定價200元
8 痛風四季飲食　定價200元
9 肝炎四季飲食　定價200元
10 肥胖症四季飲食　定價200元
11 膽囊炎、膽石症四季飲食　定價200元

傳統民俗療法

1 神奇刀療法　定價200元
2 神奇拍打療法　定價200元
3 神奇拔罐療法　定價200元
4 神奇艾灸療法　定價200元
5 神奇貼敷療法　定價200元
6 神奇薰洗療法　定價200元

7 神奇耳穴療法　定價200元
8 神奇指針療法　定價200元
9 神奇藥酒療法　定價200元
10 神奇藥茶療法　定價200元
11 神奇推拿療法　定價200元
12 神奇止痛療法　定價200元

13 神奇天然藥食物療法　定價200元
14 神奇新穴療法　定價200元
15 神奇小針刀療法　定價200元
16 神奇刮痧療法　定價200元
17 神奇氣功療法　定價200元

品冠文化出版社

大展出版社有限公司
品冠文化出版社

圖書目錄

地址：台北市北投區 (石牌)
致遠一路二段 12 巷 1 號
郵撥：01669551＜大展＞
19346241＜品冠＞

電話：(02) 28236031
28236033
28233123
傳真：(02) 28272069

・熱門新知・品冠編號 67

1.	圖解基因與 DNA	中原英臣主編	230 元
2.	圖解人體的神奇 （精）	米山公啟主編	230 元
3.	圖解腦與心的構造 （精）	永田和哉主編	230 元
4.	圖解科學的神奇 （精）	鳥海光弘主編	230 元
5.	圖解數學的神奇 （精）	柳 谷 晃著	250 元
6.	圖解基因操作 （精）	海老原充主編	230 元
7.	圖解後基因組 （精）	才園哲人著	230 元
8.	圖解再生醫療的構造與未來	才園哲人著	230 元
9.	圖解保護身體的免疫構造	才園哲人著	230 元
10.	90 分鐘了解尖端技術的結構	志村幸雄著	280 元
11.	人體解剖學歌訣	張元生主編	200 元

・名人選輯・品冠編號 671

1.	佛洛伊德	傅陽主編	200 元
2.	莎士比亞	傅陽主編	200 元
3.	蘇格拉底	傅陽主編	200 元
4.	盧梭	傅陽主編	200 元
5.	歌德	傅陽主編	200 元
6.	培根	傅陽主編	200 元
7.	但丁	傅陽主編	200 元
8.	西蒙波娃	傅陽主編	200 元

・圍棋輕鬆學・品冠編號 68

1.	圍棋六日通	李曉佳編著	160 元
2.	布局的對策	吳玉林等編著	250 元
3.	定石的運用	吳玉林等編著	280 元
4.	死活的要點	吳玉林等編著	250 元
5.	中盤的妙手	吳玉林等編著	300 元
6.	收官的技巧	吳玉林等編著	250 元
7.	中國名手名局賞析	沙舟編著	300 元
8.	日韓名手名局賞析	沙舟編著	330 元

·象 棋 輕 鬆 學· 品冠編號 69

1.	象棋開局精要	方長勤審校	280 元
2.	象棋中局薈萃	言穆江著	280 元
3.	象棋殘局精粹	黃大昌著	280 元
4.	象棋精巧短局	石鏞、石煉編著	280 元

·生 活 廣 場· 品冠編號 61

1.	366 天誕生星	李芳黛譯	280 元
2.	366 天誕生花與誕生石	李芳黛譯	280 元
3.	科學命相	淺野八郎著	220 元
4.	已知的他界科學	陳蒼杰譯	220 元
5.	開拓未來的他界科學	陳蒼杰譯	220 元
6.	世紀末變態心理犯罪檔案	沈永嘉譯	240 元
7.	366 天開運年鑑	林廷宇編著	230 元
8.	色彩學與你	野村順一著	230 元
9.	科學手相	淺野八郎著	230 元
10.	你也能成為戀愛高手	柯富陽編著	220 元
12.	動物測驗—人性現形	淺野八郎著	200 元
13.	愛情、幸福完全自測	淺野八郎著	200 元
14.	輕鬆攻佔女性	趙奕世編著	230 元
15.	解讀命運密碼	郭宗德著	200 元
16.	由客家了解亞洲	高木桂藏著	220 元

·血型系列· 品冠編號 611

1.	A 血型與十二生肖	萬年青主編	180 元
2.	B 血型與十二生肖	萬年青主編	180 元
3.	O 血型與十二生肖	萬年青主編	180 元
4.	AB 血型與十二生肖	萬年青主編	180 元
5.	血型與十二星座	許淑瑛編著	230 元

·女醫師系列· 品冠編號 62

1.	子宮內膜症	國府田清子著	200 元
2.	子宮肌瘤	黑島淳子著	200 元
3.	上班女性的壓力症候群	池下育子著	200 元
4.	漏尿、尿失禁	中田真木著	200 元
5.	高齡生產	大鷹美子著	200 元
6.	子宮癌	上坊敏子著	200 元
7.	避孕	早乙女智子著	200 元
8.	不孕症	中村春根著	200 元
9.	生理痛與生理不順	堀口雅子著	200 元

10. 更年期　　　　　　　　　　　野末悅子著　200 元

·傳統民俗療法· 品冠編號 63

1. 神奇刀療法　　　　　　　　　潘文雄著　200 元
2. 神奇拍打療法　　　　　　　　安在峰著　200 元
3. 神奇拔罐療法　　　　　　　　安在峰著　200 元
4. 神奇艾灸療法　　　　　　　　安在峰著　200 元
5. 神奇貼敷療法　　　　　　　　安在峰著　200 元
6. 神奇薰洗療法　　　　　　　　安在峰著　200 元
7. 神奇耳穴療法　　　　　　　　安在峰著　200 元
8. 神奇指針療法　　　　　　　　安在峰著　200 元
9. 神奇藥酒療法　　　　　　　　安在峰著　200 元
10. 神奇藥茶療法　　　　　　　　安在峰著　200 元
11. 神奇推拿療法　　　　　　　　張貴荷著　200 元
12. 神奇止痛療法　　　　　　　　漆　浩 著　200 元
13. 神奇天然藥食物療法　　　　　李琳編著　200 元
14. 神奇新穴療法　　　　　　　　吳德華編著　200 元
15. 神奇小針刀療法　　　　　　　韋丹主編　200 元
16. 神奇刮痧療法　　　　　　　　童佼寅主編　200 元
17. 神奇氣功療法　　　　　　　　陳坤編著　200 元

·常見病藥膳調養叢書· 品冠編號 631

1. 脂肪肝四季飲食　　　　　　　蕭守貴著　200 元
2. 高血壓四季飲食　　　　　　　秦玖剛著　200 元
3. 慢性腎炎四季飲食　　　　　　魏從強著　200 元
4. 高脂血症四季飲食　　　　　　　薛輝著　200 元
5. 慢性胃炎四季飲食　　　　　　馬秉祥著　200 元
6. 糖尿病四季飲食　　　　　　　王耀獻著　200 元
7. 癌症四季飲食　　　　　　　　　李忠著　200 元
8. 痛風四季飲食　　　　　　　　魯焰主編　200 元
9. 肝炎四季飲食　　　　　　　　王虹等著　200 元
10. 肥胖症四季飲食　　　　　　　李偉等著　200 元
11. 膽囊炎、膽石症四季飲食　　　謝春娥著　200 元

·彩色圖解保健· 品冠編號 64

1. 瘦身　　　　　　　　　　　　主婦之友社　300 元
2. 腰痛　　　　　　　　　　　　主婦之友社　300 元
3. 肩膀痠痛　　　　　　　　　　主婦之友社　300 元
4. 腰、膝、腳的疼痛　　　　　　主婦之友社　300 元
5. 壓力、精神疲勞　　　　　　　主婦之友社　300 元
6. 眼睛疲勞、視力減退　　　　　主婦之友社　300 元

·休閒保健叢書·品冠編號641

1. 瘦身保健按摩術　　　　　聞慶漢主編　200元
2. 顏面美容保健按摩術　　　聞慶漢主編　200元
3. 足部保健按摩術　　　　　聞慶漢主編　200元
4. 養生保健按摩術　　　　　聞慶漢主編　280元
5. 頭部穴道保健術　　　　　柯富陽主編　180元
6. 健身醫療運動處方　　　　鄭寶田主編　230元
7. 實用美容美體點穴術＋VCD　李芬莉主編　350元

·心想事成·品冠編號65

1. 魔法愛情點心　　　　　　結城莫拉著　120元
2. 可愛手工飾品　　　　　　結城莫拉著　120元
3. 可愛打扮 & 髮型　　　　 結城莫拉著　120元
4. 撲克牌算命　　　　　　　結城莫拉著　120元

·健康新視野·品冠編號651

1. 怎樣讓孩子遠離意外傷害　高溥超等主編　230元
2. 使孩子聰明的鹼性食品　　高溥超等主編　230元
3. 食物中的降糖藥　　　　　高溥超等主編　230元

·少年偵探·品冠編號66

1. 怪盜二十面相　　（精）　江戶川亂步著　特價189元
2. 少年偵探團　　　（精）　江戶川亂步著　特價189元
3. 妖怪博士　　　　（精）　江戶川亂步著　特價189元
4. 大金塊　　　　　（精）　江戶川亂步著　特價230元
5. 青銅魔人　　　　（精）　江戶川亂步著　特價230元
6. 地底魔術王　　　（精）　江戶川亂步著　特價230元
7. 透明怪人　　　　（精）　江戶川亂步著　特價230元
8. 怪人四十面相　　（精）　江戶川亂步著　特價230元
9. 宇宙怪人　　　　（精）　江戶川亂步著　特價230元
10. 恐怖的鐵塔王國　（精）　江戶川亂步著　特價230元
11. 灰色巨人　　　　（精）　江戶川亂步著　特價230元
12. 海底魔術師　　　（精）　江戶川亂步著　特價230元
13. 黃金豹　　　　　（精）　江戶川亂步著　特價230元
14. 魔法博士　　　　（精）　江戶川亂步著　特價230元
15. 馬戲怪人　　　　（精）　江戶川亂步著　特價230元
16. 魔人銅鑼　　　　（精）　江戶川亂步著　特價230元
17. 魔法人偶　　　　（精）　江戶川亂步著　特價230元
18. 奇面城的秘密　　（精）　江戶川亂步著　特價230元
19. 夜光人　　　　　（精）　江戶川亂步著　特價230元

·武 術 特 輯· 大展編號 10

國家圖書館出版品預行編目資料

陳式太極拳技擊法 / 馬虹 著
－初版－臺北市：大展，1999【民88】
面；21公分－（武術特輯；22）
ISBN 978-957-557-905-0（平裝）

1. 太極拳

528.972   88001670

陳式太極拳技擊法

ISBN 978-957-557-905-0

編 著 者/馬　　虹
發 行 人/蔡　森　明
出 版 者/大展出版社有限公司
社　　　址/台北市北投區（石牌）致遠一路2段12巷1號
電　　　話/(02) 28236031・28236033・28233123
傳　　　真/(02) 28272069
郵政劃撥/01669551
網　　　址/www.dah-jaan.com.tw
E-mail/service@dah-jaan.com.tw
登 記 證/局版臺業字第2171號
承 印 者/國順文具印刷行
裝　　　訂/建鑫裝訂有限公司　　　本書有作者演示VCD
排 版 者/千兵企業有限公司　　　欲購者請洽本出版社
授 權 者/北京人民體育出版社
初版1刷/1999年（民88年）3月
初版5刷/2007年（民96年）11月　　　定價/250元

大展好書　好書大展
品嘗好書　冠群可期